研 修 思 旅

李小雨 著

西北农林科技大学出版社

图书在版编目（CIP）数据

研修思旅 / 李小雨著. -- 杨凌：西北农林科技大学出版社, 2021.6

ISBN 978-7-5683-0965-3

Ⅰ. ①研… Ⅱ. ①李… Ⅲ. ①小学语文课－教学研究 ②政治课－教学研究－小学 Ⅳ. ①G623.202 ②G623.102

中国版本图书馆CIP数据核字(2021)第131450号

研 修 思 旅

李小雨 著

出版发行	西北农林科技大学出版社
地　　址	陕西杨凌杨武路3号　　邮　编：712100
电　　话	总编室：029-87093195　　发行部：029-87093302
电子邮箱	press0809@163.com
印　　刷	陕西天地印刷有限公司
版　　次	2021年6月第1版
印　　次	2021年6月第1次印刷
开　　本	787 mm × 1092 mm　1/16
印　　张	15.25
字　　数	202千字

ISBN 978-7-5683-0965-3

定价：49.00元

做一个让人赏识的教师

努力的人我都喜欢。

安静地潜心研修教育教学，如同孜孜不倦洒落在沃土的点点雨滴，如同透过半开的窗户吹进书房温润的风，这就是我读《研修思旅》的感觉。作者小雨老师因为热爱、担当，激情满怀地埋头教育，在当前这喧嚣浮躁的时代，丝毫不顾及教育是一条艰辛而又漫长的道路，付出时间、劳动、爱心，收获日子给予的丰厚回报，抗衡枯燥和平凡，这样的奋斗者有什么理由让人不喜欢呢。

实践是每个时代教育研究的主旋律，学校管理、家校沟通、师资队伍建设是教育发展的重要因素，教学设计、课堂教学、课后反思是最具有个性色彩的教学活动。在课堂上，小雨老师秉承“授人以鱼不如授人以渔”的教学理念，与学生亲切互动，教给他们知识的同时指导他们有效的学习方法；在学校管理中，她重视教师素质提升，致力于学校的全面发展；在教科研上，她钟情于课堂教学和学生健康发展研究。在《研修思旅》这部书稿中，我不仅看到了小雨老师的工作热情，还看到了一个从教学一线逐渐成长起来的教育管理者的优秀和其教科研的专业。

我和小雨老师认识多年，通过和小雨老师进行交流，从她身上我欣喜地看到国家基础教育向前跨越的矫健步伐，也听到我们陕西省各级各类学校教育和教学研究阔步前行的铿锵足音。教师对学生的生命关注、人文关怀是恒久的职责。教育是科学与艺术的结合，它需要爱心，需要热情，更需要教育智慧和教育策略。小学生处于身心发展塑造中，具有生命的整体性和发展的能动性。小学教育要教给学生知识和技能，更要培养学生的生活、学习习惯。《研修思旅》这部书稿，从论文集萃、教育故事、工作札记、教学设计四个不同方面展示了小雨老师从教二十九年来在这些方面的实践和探索，所获得的成果大部分也在《陕西教育》《教师报》《小学教学参考》《中学语文教学参考》等教育报刊上发表。这部书稿既是她对挚爱的教育事业“工笔画”般的真情记录，也是她对自己在教育教学过程中酸甜苦辣、荣辱得失的理性总结，凝结着为师与写作的艰苦劳动和辛勤汗水。

轻轻翻阅这部书稿，字里行间，触摸到的是小雨老师在语文的百草园里躬身耕耘的朴素理想。她深爱着这份职业。是啊，只有内心充满无尽的爱与敬畏，才能把一件事做到极致。她跳动的心脏紧贴着教育的泥土，感受着来自地心的温暖与力量，并将自己的爱与力量融进大地的根脉里。阅读这些浓墨淡香的文字，我为那些默默坚守在乡村教育一线的高贵灵魂而歌唱，他们像“丑菊”一样其貌不扬，也没有什么豪言壮语，但是他们竭尽全力用自己的热血去改变一个偏僻乡村小学的面貌，去滋养那些土生土长的纯净孩子。我常常想，中国教育的脊梁是什么？应该是奉献，将自己的青春和年华无私奉献给教育；是创新，站在前辈的肩上，努力创造属于自己的方法，实现自己的理想，并从他们身上，看到中国教育的未来。

教育之路没有捷径，唯有一步一个脚印，踏踏实实，才能在不断反思中结出硕果。《研修思旅》这部教育文集内容丰富，去粗取精，用平实的语言呈现了一位一线教师多年来教学相长的宝贵经验，诠释了她从普通教师到学校主管领导再到教研员的职业操守。

不忘初心，积极进取，愉悦工作，快乐生活，热爱教育，静心教书，潜心育人，专心研修，我喜欢这样的教育人，乐见其成果。也愿读者们喜欢。

陋为序。

吕志军

二〇二一年五月

吕志军，陕西省作家协会会员，中国散文文学会会员，陕西教育学会学术委员，陕西教育报刊社副总编辑。

目录
CONTENTS

教育教学论文

教育故事

教学札记

教学设计

教育教学论文

JIAOYU JIAOXUE LUNWEN

专注是教师不可或缺的品德。只要能倾注一生的时光与精力，善于思考，勤于总结，竭尽所能把教育教学工作做到极致，那么，就能超越梦想、成就辉煌。

批注文本　有效阅读

——批注式阅读教学策略浅探

语文教育是“言语”教育，情感是语文课堂的灵魂，文本是作者情感的载体。在语文教学中，教会学生批注文本能有效提升阅读效果。在多年的语文教学中，笔者通常采用以下几种批注式阅读教学策略来引导学生有效阅读。

一、阅读留痕，培养良好阅读习惯

笔者认为在语文教学中，要培养学生阅读留痕的良好习惯，倡导学生通过传统的批注式阅读提高阅读效果。小学生经过一到三年级的学习积累，识字量达到了一定程度，到了四年级，教师可以开始进行批注式阅读训练。统编教科书四年级上册第六单元首次提出“学习用批注的方法阅读”。批注是重要的阅读方法，也是统编四年级第六单元的首要学习目标。进行批注阅读训练，首先教师要规范批注工具和批注符号，让学生从小养成注重细节、规范操作的良好学习习惯，引导学生树立“凡可阅读学习之时，皆可批注细读”的阅读思想。

小学阶段是学知识、学做人、学做事的阶段。无规矩不成方圆。教学批注式阅读时，教师要有充足的耐心，从“零”教起。其一，严格要求批注工具。要求学生准备三种颜色的笔：黑色笔（写具体内容）、红色笔（画批注符号）、绿色荧光笔（涂画重点）。其二，规范批注符号，批注符号要用大家约定俗成的符号，既方便自己使用，也便于学生间互相交流学习。直线“——”画在生字或需要解释的词语下面，用以标注需要注音或理解的词语；小圆圈“○”画在要摘选、积累的词语下面，便于课后摘抄；着重号“·”标在课文的重点词语或优美词语下面；三角号“△”用来标识关键词；波浪线“~~~~”画在精彩句子或修辞句下面，方便加深理解；圈字码①②③用来标注自然段的序号，可以迅速找准段落；重点号“※”标注要背诵的段落或者全文；问号“？”用于标注课前预习时，或者学习过程中自己有疑问或不理解的地方，旁边可用黑色笔写出疑问所在；感叹号“!”用在有感叹或惊奇的语句旁边，可用黑笔旁批感触；分段号“//”用来划分段落，可用黑笔批注段落大意；分层号“/”用来划分层次，可用黑笔批注层次大意。

二、紧扣文本，逐步落实批注训练

学习用批注的方法进行阅读是一个循序渐进的过程，教师要逐步落实批注阅读的方法。

1. 培养一年级学生标注课文自然段，整体感知课文的好习惯

一年级刚接触到课文时，教师就要教学生用序号标注自然段。首先，让学生仔细观察课文段落特点，判断课文有几个自然段。并在每个自然段前依次标上序号①②③。然后，引导学生一起交流课文有几个自然段，自己是怎么判断出来的。一年级学生识字量少，对于不认识的生字、词语，教师要示范并指导学生用红色笔画横线标注出来，便于其获得教师、家长、同伴的帮助。

2. 指导学生标注课文标题和词语

在二年级语文教学过程中，教师导入新课，板书课题后，要示范

引领学生用三角号标出课题的关键词。如在教学《玲玲的画》时，教师指导学生找出课题的关键词“画”，并在课题“画”下用红色粉笔标注“△”。通过标注关键词让学生明确本课内容是围绕“画”来写的。又如，在教学《黄山奇石》时，指导学生用红色“△”标注“仙桃石”“猴子观海”“仙人指路”“金鸡叫天都”“天狗望月”等，便于学生感受黄山石头之“奇”。在本课学习过程中，指导学生用红色着重号标注 “它好像从天上飞下来的一个大桃子，落在山顶的石盘上”，引导学生明确在景物描写中比喻手法的运用会让事物更加形象生动。

3. 融入摘抄、积累训练，培养学生写作能力

为了突出语用目标，在三年级教学中要融入词、句子的摘抄与积累训练。在学习过程中，要有意识地培养学生用小圆圈画出课文中需要摘选、积累的词语。如在教学《秋天的雨》中的“秋天的雨，是一把钥匙。它带着清凉和温柔，轻轻地，轻轻地，趁你没留意，把秋天的大门打开了”这句时，指导学生朗读并用红色小圆圈“○”在“清凉”“温柔”“轻轻地”“留意”下标注。通过这些词语，让学生感受秋雨凉爽、细润的特点，并要求学生试着用这些词语描写我们陕西的雨，对学生进行写作训练。

三、回归文本，进行人文素养熏陶

经过小学三年训练，学生已经逐步掌握了批注符号的运用。四年级学生已经具备了一定的批注阅读能力和文字鉴赏能力，因此，在进行语文教学时，教师既要重视文本的解读，又要重视学生人文素养的熏陶。

语文课程的设计，要注重引导学生多读书、多积累，重视语言文字运用的实践训练，让学生在领悟文本内涵的同时，联系生活实际辨识词语的感情色彩，领悟句子、段落的内涵，学习文章的写作方法，

体会作者的思想感情。在中高年级的语文学习活动中，要倡导学生在阅读过程中用黑色笔进行文字批注，培养学生边阅读边批注的习惯，鼓励学生敢于提出自己的看法，让学生明白“字里行间众生相，大千世界你我他”。

批注式阅读不仅是学生自主学习状态下的学习过程，也是用恰当的文字进行创造性对话的过程。教师要指导学生圈点、勾画文中关键词、疑问处、修辞手法、写作方法，标注优美段落，在文本空白处注明自己的思维轨迹，抒写主观感受，表达自己的思想情感，引导学生在批注阅读中发挥自己的主观能动性，并获得自我发展。如在教学《两茎灯草》时，让学生画出描写严监生神态、动作的语句，并用黑色笔在旁边批注作者描写严监生这个人物的方法，提高习作时的人物描写能力。同时，让学生拓展阅读《葛朗台》片段，让学生结合阅读批注交流分析严监生、葛朗台的共同点——爱钱如命、漠视亲情。又如，在教学《手指》一课时，让学生通过批注式阅读的方法，学习作者幽默风趣的表达方式，领悟作者用意，明确人和人就像五个手指，虽然姿态各异、性格不同，但如果能团结一致，就根根手指有用，根根手指有力量的道理。学习《芦花鞋》《走月亮》《红楼春趣》等经典文章之后，让学生结合阅读批注写读后感，提升学生对文本的理解高度，帮助学生树立正确的世界观、人生观、价值观，对学生进行人文熏陶。

阅读点亮人生之路，良好的阅读习惯可以让学生受益终生。在语文教学中，教师要立足文本，把读书的时间留给学生，让学生沉下心来融入批注阅读中，在反复诵读中品味语言，感受文本的语言之美，体验文本蕴含的情感，在自我阅读体验中与作者产生共鸣，在感同身受中受到教育和启迪。

原载于《新教师》2020 年第 8 期

在语文教学中渗透思想教育

【摘　要】语文教学过程中，不仅要重视学生听说读写能力的培养，还要加强创新精神和实践能力的培养，鼓励学生自主合作、乐于探究。在教学过程中要对学生进行潜移默化的思想教育，引导学生做健康、阳光的好少年。

【关键词】语文；教学；渗透；思想

部编版小学语文教科书以《义务教育语文课程标准》为依据，注重培养学生的创新精神和实践能力，倡导大量阅读，重视语言文字运用，强化语文和生活相联系，引导发现，鼓励自主、合作、探究的学习方式，自然渗透社会主义核心价值观，全面提升学生的语文素养。因此，在教学过程中，教师要优选教育内容，关注学生学习过程，重视其情感变化，相机渗透思想教育。

一、优化教育内容，相机渗透思想教育

小学生对事物和社会认识浅薄，老师要以身作则，通过课堂教学、班级活动、学校活动等，培养学生良好的生活习惯和学习习惯，引导其树立正确的是非观，培育其人文情怀。教师在教学过程中，要精选教学内容，相机渗透思想教育。

比如，在教学一年级上学期《升国旗》一课时，我播放北京天安门升国旗、奏国歌的视频，让学生直观感受升国旗的庄严、肃穆，体会国歌的雄壮有力。通过观察天安门广场升国旗人员的数量、表情、动作，让学生知道国旗是一个国家的尊严，每个中国人都要尊重国旗，热爱国旗。通过观看视频，学生初步理解“徐徐”“飘扬”的意思，教师领读课文时，注意“徐徐”的语速慢一点，重读“多么”“立正”“敬礼”这些词语。老师在示范领读之后，适时强化“国”，在田字格示范板书“国”，引导学生用“国”组词，如国徽（出示国徽图片）、国旗（出示五星红旗）、国歌（出示国歌《义勇军进行曲》歌名、歌词，并播放国歌），让学生了解这些都是中国的象征，作为中国公民就要保护国旗，爱惜国徽，会唱国歌。为了进一步培养一年级小学生热爱国旗、尊敬国旗的意识，还可以播放《我和我的祖国》电影第一部分开国大典前夕的视频，让学生感受林治远等人为第一次电动升旗所付出的努力，直观感受中国人民的爱国情怀。这样的学习，既激发了学生的学习兴趣，又潜移默化地对学生进行了爱国主义教育。

二、丰富教学活动内容，提升综合素养

《义务教育语文课程标准》指出：“语文课程致力于培养学生的语言文字运用能力，提升学生的综合素养，为学好其他课程打下基础，为学生形成正确的世界观、人生观、价值观，形成良好个性和健全人格打下基础；为学生的全面发展和终身发展打下基础。”语文教学中，教师要善于整合教育资源，把语文课堂拓展到活动中去。借助传统节日、早读、班会、队会、课前五分钟、课间操、放学送路队等时间，采用形式多样的活动，强化语文的功能性、思想性教育。比如：端午节来临时，布置学生搜集端午节习俗、端午节的来历等资料，利用班会课组织学生分享，按小组进行归纳总结；国庆假期，开展“我和国旗合

个影”活动，鼓励家长们组织家庭旅游活动，让学生在旅途中体验家乡的变化，感受祖国的民主、富强，激发学生的爱国热情；每周安排一两篇经典古诗文，组织学生在放学路队中集体背诵，并在班内进行诵读比赛，引导学生传承经典文化，汲取人类优秀文化的营养，提升学生的文化品位。

三、关注学习过程，重视情感体验

小学语文除了培养学生听说读写能力外，还肩负着培育学生热爱祖国语言文字的责任。在教学过程中，要关注学生学习的过程，引导学生在阅读过程中体验语言文字的内在情感。

比如：教学三年级上册《大青树下的小学》一课时，让学生带着“这所学校有哪些特别的地方？”这个问题初读课文，指导学生圈点课文的主要信息。学生读后交流这所学校的特别之处：多民族学校、同学们友好而有礼貌、古老的铜钟、上课时安静、下课时热闹……让学生对课文有个整体印象。再读课文时，让学生一边读段落一边想象课文描写的画面，画出有新鲜感的词语并在组内交流，引导学生感受这所边疆小学欢乐、祥和的校园生活，让学生通过视频的直观画面感受全国各族人民大团结，努力奋进新时代的大场景，引导学生树立团结同学、热爱祖国、热爱人民的思想。

四、延伸语文学习路径，提升社会实践能力

教育教学过程中，要给学生教授方法，培养其学习、生活的能力，引导学生勇于吃苦，敢于担当，乐于助人。在放暑假、寒假的时候，给学生布置综合实践作业，培养学生的创新能力和动手能力，鼓励孩子参与家务劳动，给爸爸妈妈做饭、洗衣服，陪爷爷奶奶散步，走进社区帮忙照顾孤寡老人，积极主动给低保户送温暖等活动。让学生把

自己活动过程中的所作所为和感想用日记形式记录下来，再通过“美篇”进行图文组合，在朋友圈和微信群分享自己做家务、陪老人、做善事的成就感和快乐感。这样的假期综合社会实践活动，既培养了学生的生活自理能力，又让学生体验到服务家人、服务社会的满足感，还提升了学生的文字综合能力和审美能力。教师还可以通过微信群或者家访，深入了解学生综合实践活动的完成情况，做到有安排，有落实，有评比，有结果。

语文学科的思想教育潜藏在每篇文章的字里行间，教师既要深入钻研教材，又要结合学生实际，灵活处理教材，把思想教育融入字、词、句、段、篇的学习过程中。把语文课堂延伸到家庭，延伸到社区，把创新能力的培养拓展到学生生活中去，鼓励学生勤于动手，善于思考，勤于总结，以真善美的教育引导学生做真善美的人。

原载于《陕西教育》2020 年第 4 期

发挥语文综合性学习的实效性

【摘　要】 语文和生活有着千丝万缕的联系。在教学过程中，我们要充分发挥语文综合性学习的实效性，既要强化语文课程的综合性，又要突出语文课程的实践性；在教学方法上，我们要鼓励学生把学习和生活紧密结合起来，让学生在生活中学习，以激发学生的学习兴趣，培养学生的创新精神。

【关键词】 综合性；实效性；实践性

教育生活中的幸福和快乐就是适性教育，适合学生的教法就是最好的教学方法。每个学生在学习过程中都有一个逐渐觉醒的过程，因此，在小学教育阶段，我们要学会等待，学会引导学生走进开放的生活中学习语文，进行听、说、读、写活动；我们要用赏识、激励、宽容、接纳等方法开启学生的心门，引导学生走进语文，在广袤的生活天地里发挥语文综合性学习的实效性。

一、感知语文课程的综合性

语文综合性学习的“综合”主要包括四个方面的内容。

（一）语文知识综合

学生在家庭生活、学校生活中，尝试运用语文知识解决问题。比如：让学生体验借助书信和家人、亲戚、朋友交流自己所思所想的快乐；让学生感受给家人以及同学写留言条的实用性。这样，使他们知道综合运用语文解决问题的必要性。

（二）语文能力的综合

组织学生参加语文趣味活动：朗读比赛、演讲比赛、演课本剧、辩论会等，给学生创造参与活动的机会，让学生的综合能力得到提升。

（三）语文和其他课程的综合

在学生对所学内容深入学习后，教师提出具有探究性的问题，引导学生进行探究，确定探究主题，并借助资料和实际调查数据，讨论分析，形成简单的调查研究报告。如：结合四年级品德与社会下册《家乡的发展变化》的内容，我们引导学生回家向爷爷、奶奶、爸爸、妈妈询问，了解陕西杨凌各方面的变化并形成研究报告，提高学生综合运用语文的能力。

（四）语文学习过程的综合

在教学过程中，教师引导学生体验社会生活，以学习语文知识为出发点，综合运用各科教学资源，凸显语文学科的基础性，提高学生的认知、阅读、作文、实践能力。

二、突出语文学习的实践性

语文的外延是生活，生活也离不开语文。各学段语文的综合性学习都突出了语文实践性这一特点。认字、写字、阅读、说话练习、作文、综合性学习等都和学生的生活实践有机结合在一起，这有利于学生的认知能力的提升。语文综合性学习是一种由学生主动参与并担任主角的学习方式，教师可根据各地区特有的地方资源引导学生展开具体的学习活动。

在教学人教版一年级上册《菜园里》一课时，为了增强识字的趣味性，我这样导入新课："孩子们，你们有没有跟随爸爸妈妈一起去菜市场买过菜呢？在买菜的过程中你认识了哪些蔬菜？"接着利用多媒体创设情境，让学生看菜园里的丰收景象，感受菜园里新鲜的蔬菜和农民收获蔬菜时的欢笑声。然后，出示蔬菜图片和生字宝宝，让学生说说自己认识哪些蔬菜的名字，并告诉老师和同学们，自己是如何认识这些生字宝宝的。对于学生不认识的生字，我拿出提前准备好的蔬菜，让学生通过观察蔬菜，看一看、摸一摸，再借助生字卡片认读蔬菜名称。在自主学习活动中，学生认识了蔬菜的名称，记住了生字的写法。最后，我鼓励学生去"蔬菜超市"，选取去掉拼音的生字宝宝，并认读给同伴听。在教学过程中，教师结合低年级学生的学习特点，联系生活实际，通过情境化教学，让学生看一看、闻一闻、读一读、说一说、比一比，认识了蔬菜的外形、颜色、味道等。这样的教学既能培养学生的观察能力，又激励他们在生活中积极主动地学习生字，把生活和学习有机地结合起来。

在语文教学中，经常开展"生活中的语文"综合性学习活动，有利于培养学生学习的主观能动性和实践能力。低段的语文教学识字量大，单单通过课堂学习不能很好地完成学习任务，所以要教会学生在生活中识字，如：商品包装上的文字、作业本上的名字、街道上店铺的名称、学校里的宣传标语等，都是识字的材料。我们要引导学生时时留意身边的语文学习资源，培养低年级学生主动学习身边汉字的良好习惯。在高段的教学中，我们应引导学生开展搜集名言警句、国学精粹等活动，组织学生为当地旅游景点写解说词、为某种商品设计广告，并对学生的学习结果进行综合评价。

走进生活中的语文天地，使学生在潜移默化中领会语文的博大精深，感受到生活中的语文原来如此地鲜活生动、丰富多彩。只要我们给学生搭台子、铺路子，引着他们走进社会，关注生活，他们就能接触到生活化的语文，感受到学语文就是学生活、过生活，在生活中让其语文能力得以提高。

三、实现语文学习的创造性

2011 年颁布的新课程标准提出：综合性学习要由学生自行设计和组织活动。语文教材中设计的综合性活动内容，教师可以根据学生的实际情况以及本地区的特点作相应的调整，为发挥学生的积极性和创造性提供便利条件。

学生想象力丰富，对新事物充满了好奇心，常常会问为什么，并勇于发表自己的独到见解，还能够用自己的特殊方法解决问题。在教学中，我们要善于鼓励学生从多角度发散思维，多给学生一些自由学习的时间。放开学生的头脑，让他们自己去想；给学生以自由，让他们自己去观察。教师应解放学生，鼓励他们通过实践活动验证自己的假设；给学生以充分的信任，让学生自己确定活动主题，合理分工，搜集整理材料，编写活动方案，自己组织活动。在综合实践活动中，教师应以欣赏者的角色积极参与到学生活动之中，以真诚的态度认可学生的创新精神。因为有了教师的鼓励和支持，学生会兴趣盎然地认真对待学习过程中的每一步，会不断给我们惊喜。在语文教学中，还可以鼓励学生对课文的片段或结尾进行补充，对课文中人物的心理描写、语言描写、标点符号进行探究，帮助学生展开想象的翅膀进行再创造。

每逢“五一节”、“六一节”、端午节、国庆节时，学校分年级组织学生举行不同主题的手抄报或者电子板报设计制作比赛活动。为此，我们让学生在家长的帮助下，结合自己的生活经验、图书和网络资料，先在家里初步筛选好需要的材料，到学校以小组为单位，发挥小组全体成员的智慧，对大家的资料进行取舍，最后根据活动主题进行版面的设计、编排和制作。各小组的作品先在班内评选，再按年级进行评选，最后把优秀作品予以张贴展示。这样的综合实践活动能充分体现学生的主观能动性，所以他们兴致很高。实践证明，小组合作编制手抄报、电子板报，不仅能有效提升学生的资料搜集能力、语言交流能力、文字编排能力和图案设计能力，而且能使学生感受到团队合作和集思广益的快乐。学生是充满奇思异想的群体，作为老师要为他们提供平台，让他们充分展示自己的才华，张扬他们的个性。

信息时代背景下的教师，既要重视学生创新思维能力的培养，又要重视学生学习能力的培养。教师不论是教语文的还是教数学的，都要根据学科特点，培养学生的综合性学习能力。学生学习的最佳状态不是被动的，而是主动学习、渴望学习、快乐学习。只有学生爱学习，才会有强烈的求知欲和创新欲。因此，在学生学习过程中，教师不是知识传输器，而是引路人。

特级教师钱梦龙老师说："教学的艺术就是想方设法鼓励学生的艺术。"学生是学习和发展的主体。在语文教学中，教师要为学生营造宽松、舒适的学习环境，引导学生积极主动地自主学习，鼓励学生选择最适合自己的学习方式；教师要帮助学生在语文和生活中架设一座终身发展的长桥，发挥语文综合性学习的实效性，只有这样，才能让语文课堂焕发出生命的活力。

原载于《小学教学参考》2019 年 1 月上旬刊

培养阅读习惯　感悟读书之乐

语文是一门学习语言文字运用的综合性、实践性课程。小学教师不仅要重视语文基础知识的传播，还要激发学生的阅读兴趣，并注重培养学生良好的阅读习惯，不断提高学生的阅读能力和写作能力。笔者通常采用以下几种方式培养学生的阅读习惯，让学生感悟读书的乐趣。

一、以绘本为阅读之“源”，激发学生阅读兴趣

卢梭说：“教育的艺术，是使学生喜欢你所教的东西。”作为新时代的教育工作者，培养小学生的阅读兴趣是小学教师日常教学的工作重点。对于小学低段学生而言，他们识字量有限，教师首先要把绘本作为阅读之源，师生共同阅读绘本图文，旨在引领学生感受绘本的趣味性、艺术性，激发学生的阅读欲望，点燃学生的读书热情，让学生从小养成多读书、爱读书、读好书的好习惯。

如教师在班会课上，通过多媒体和学生一起阅读绘本《猜猜我有多爱你》。①老师一边播放绘本内容，一边声情并茂地给学生完整讲述小栗色兔子问大栗色兔子“猜猜我有多爱你”这个经典故事。老师讲述时要模仿小栗色兔子和大栗色兔子的语言、动作，让学生感受大栗色兔子对小栗色兔子双倍的爱。学生在受到情感熏陶的同时，也感

到读书是一件很有意思的事情，从而乐于读书，爱上读书。②再次播放绘本，让学生一边仔细看图，一边认真听配音讲故事，培养学生的观察能力、识字能力，并养成认真倾听的好习惯。③鼓励学生讲述这个故事，老师一边播放，一边指导学生看着图片和文字。要求学生讲述故事内容时尽量用上绘本中的文字，这样既扩大了学生的识字量，又训练了学生的语言表达能力。④延展阅读，培养学生养成“好书不厌百回读”的良好习惯。老师要求学生晚上回家，把该故事讲给爸爸、妈妈听，并让爸爸和妈妈猜猜自己有多爱他们，这样不但潜移默化地培养了学生的家庭阅读习惯，还增进了学生与家人的感情。需要注意的是，教师导读时选择的绘本，要具有趣味性、情感性、故事性，利于激发学生的阅读兴趣。

继教师导读后，教师在班级群推荐绘本《小恩的秘密花园》，引导家长和孩子进行亲子阅读，让学生在家长的陪伴阅读下走进大自然，亲近大自然。学生有了阅读的积极性之后，教师接着要求学生独立阅读绘本《多多老板和森林婆婆》，在班会上分享阅读成果：“为什么有人大肆砍伐树木？”“为什么又有人大费周折植树造林？”看了这个绘本，教师无须再对孩子进行环保说教，他们就知道了环境保护的重要性。

通过“教师引领——亲子阅读——学生自读”这样的分层式绘本阅读训练，首先让孩子们了解故事内容，爱上读书，每天主动拥抱书籍，至于绘本的深刻内涵，学生可以在日后反复品读中慢慢体验。对于小学生而言，教师最重要的任务就是激发学生的读书兴趣，养成阅读习惯。好习惯成就人的一生，教师要把读书内化为学生的生活方式，引导学生养成每天自觉读书的习惯，并一直保持下去。

二、以课堂为阅读之“本”，训练学生阅读能力

小学是培养学生阅读兴趣和阅读能力的黄金时期，课堂是教师训

练学生阅读能力的主阵地。语文教师要强化学生的积累、运用、思维能力训练，就必须在课前做好精心准备，课堂上有效引导，通过训练其眼观、口读、手写，提高学生的阅读能力。例如教学《爬山虎的脚》一课时，课件出示爬山虎爬满院墙时，微风吹来，绿叶像波浪一样随风浮动的动态视频。通过创设情境，激发学生学习兴趣。再让学生仔细观察爬山虎叶子的静态图片，并用自己的语言描述爬山虎叶子的特点。然后大屏幕出示原文内容“爬山虎刚长出来的叶子是嫩红的，不几天叶子长大，就变成嫩绿的。爬山虎的嫩叶不大引人注意，引人注意的是长大了的叶子。那些叶子绿得那么新鲜，看着非常舒服，叶尖一顺儿朝下，在墙上铺得那么均匀，没有重叠起来的，也不留一点儿空隙。一阵风拂过，一墙的叶子就漾起波纹，好看得很。”让学生仔细阅读课文第二段，看作者按照什么顺序写爬山虎的叶子。怎样读才能读出叶子的特点，读出文中景物描写的美感来，并用黑色笔画出描写叶子动态的词语。引导学生归纳总结：作者描写爬山虎叶子的顺序是先写颜色，再写排列，最后写动态美。通过这样的课堂体验式阅读训练，让学生明确，叶圣陶是通过长期认真观察爬山虎的成长过程，才把《爬山虎的脚》这篇课文写得如此细致、如此生动。

在小学阶段课堂阅读训练中，一定要突出教师的主导作用和学生的主体地位。教学中，教师指导学生通过字、词、句、段、篇的学习，学习作者准确用词、精准表达、细致描写的方法。教师借助教材本身的情感因素激发学生情感，鼓励学生自主阅读，不断发展学生的综合阅读能力。例如教学五年级上册《太阳》一课时，可以让学生先通过自主阅读，整体感知课文写了太阳的哪些特点，再结合课文内容，让学生分小组交流作者具体运用了哪些说明方法介绍太阳。通过以上教学方法，主要帮助学生理清思路，让其了解这是一篇简单的说明性文章，明白课文基本的说明方法，了解太阳的基本特点和它对人类的作用即可。关于太阳的其他知识，留给有兴趣的同学课后进一步深层探究。

语文阅读教学中，教师必须精心备课，吃透教材，教学时才能做到游刃有余。语文教师的职责就是开启学生心智，引导学生主动阅读，引领学生品味语言、把握意蕴、赏析品读重点段落，其余段落学生可以通过略读、速读的方式领会文章大意即可。

三、以课外为阅读之“链”，培养学生搜集、整理资料的能力

语文课只有拓宽外延，增加厚度，课堂才能充实起来，丰满起来，才会有语文的味道。因此，教师要通过鼓励学生向课外延伸阅读，进而提高他们搜集、整理资料的能力。

笔者把学生的课外阅读之链延伸到课外（包括课外时间和课外内容），每周结合单元训练要素，要求学生搜集相关资料，课堂上要求学生根据教学内容展示自己整理、归纳的资料，便于加深课文理解。如《只有一个地球》这篇科学小品文讲述了地球是人类赖以生存的唯一星球，但是地球上可供人类生存的资源非常有限，呼吁人们爱护环境，保护地球。教学时，让学生提前搜集资料，并整理好人类如何破坏环境的材料。课堂教学时，让学生用自己整理好的文字、图片、视频等真实资料，以事实为依据，用具体数据再现人类对地球的肆意破坏，教育学生们牢固树立“保护环境，从我做起，从身边的小事做起”的环保意识，使学生从内心深处认识保护地球的重要性。

学生在课外搜集整理的资料弥补了教材的局限，拓宽了学生的视野。学生查阅、搜集、整理资料的过程，也是培养学生个性化思维和创新能力的过程。语文课最佳的教学模式：任务驱动式自主学习——课下合作解决疑难问题——课堂上交流感悟——习作中创新应用。叶圣陶先生给教师的定位：“语文教师是引导学生看书读书的。”所以我

们不仅要让学生爱读书，而且要让学生善于读书，通过延伸阅读，鼓励学生搜集整理资料是培养学生高效阅读习惯的重要途径。

四、以分享为阅读之“桥”，感悟读书之乐

阅读既是学生用心灵和文本进行对话的过程，也是学生与作者的思想进行碰撞、产生共鸣的过程。教师要充分用好阅读课，大胆放课给学生阅读名著。教师和学生一起阅读同一部名著，并主动和学生一起分享读书感悟，教师的引领分享对学生的阅读和交流能起到示范带动作用。

教师要根据学生年龄特点和教学内容，指导学生制订阅读计划，利用周末和假期广泛开展课外阅读。课外阅读的数量和质量对学生的终身学习至关重要。教师在班内定期组织学生进行读书心得交流活动，让学生们在分享交流中感受读书的收获，感悟阅读的快乐。教师在学校可以利用晨读、课堂、习作教学搭建交流平台，给学生创造交流、分享读书心得体会的机会；还可以组织学生在课外通过微信朋友圈或美篇进行图文并茂的线上交流。笔者多少年来一直有坚持读书和写读书心得体会，以及写教学随笔的习惯，经常不拘一格在朋友圈和公众号公开发布工作、学习、生活动态，为学生、同事传递正能量，让学生感受到笔者虽然工作忙碌，但是生活很充实。因为书的陪伴，整个人生充满了激情和快乐。教学萧红的《祖父的园子》一课后，笔者在班级群给学生分享萧红的散文《初冬》和自己的阅读感悟：“漂泊已久的萧红渴望温暖，渴望亲情、友情、爱情，但是弟弟口中的那个家对她而言已经不是家了。她憧憬幸福，渴望温暖，希望得到家人的理解和支持。姐弟相见时，她搅动杯子，杯中咖啡的微波犹如她漂泊已久的身心，因为太多的大风大浪已经磨平了她曾经的倔强和棱角。与弟弟短暂的相见给孤独、落寞的萧红微温了一个时刻。”感悟文字后

笔者附上萧红的生平简介，帮助学生全方位认识这位“三十年代文学洛神”。《祖父的园子》是萧红童年幸福快乐的记忆。萧红的一生是不向命运低头，在苦难中挣扎、抗争的一生。

教师的示范带动、学生之间互相交流分享，有利于扩大学生课外阅读领域，丰富学生的知识储备。读书就像钓鱼，教师犹如有经验的钓鱼人，把学生带到肥美的鱼塘边，教给学生钓鱼的方法，让学生有选择地去钓鱼。师生分享阅读感悟，是教师鼓励学生大胆进行个体行为阅读的最佳途径。线上线下不同的交流分享形式，既拓宽了阅读面，又提升了学生的思想认识；既利于帮助学生树立正确的世界观、人生观、价值观，也利于学生形成健全的人格。

厚积才能薄发，语文学习需要日积月累。良好的阅读习惯、阅读量和阅读能力对学生的一生至关重要。哲学家培根说过：“习惯真是一种顽强而巨大的力量，它可以主宰人的一生。因此，人从幼年起就应该通过教育培养一种良好的习惯。”

让我们以书为友，以经典文本为“例”激发学生阅读兴趣，以立足课堂教学为“本”训练学生阅读能力，以分享阅读感悟为“桥”共享读书之乐。

古诗词教学情境创设研究

古诗由于距离学生的生活圈子相对较远，所以给中小学语文教学带来了一定的困难。通过多种教学手段创设情境，有助于激发学生学习古诗的兴趣，进而激发其热爱我国优秀文化遗产的热情，陶冶学生情操。

一、还原场景，激发兴趣

古诗文字简短凝练，多数学生对其复杂的时代背景和作者的生活阅历都比较陌生，所以往往难以理解其内涵，对于古诗学习有畏难心理。因此，教师在教学时要充分利用各种手段，创设情境，引发学生的好奇心，激发学生的学习兴趣，使学生变惧学为乐学。

我在教陆游的《示儿》一诗时，教学开始用课件展示（配上悲凉低沉的音乐），利用音乐、动态图像创设的凝重气氛吸引学生认真地观看画面，再不失时机地提问："这个年轻人为什么如此悲伤，这位生命垂危的老人临终会说些什么呢？"同学们开始小声议论。于是我用低沉的语调讲述南宋爱国诗人陆游的生平以及遗愿，然后让学生根据情境来朗诵诗歌。丰富的画面、悲凉的音乐、声情并茂的朗读、良好的学习氛围，激发了学生学习诗歌的兴趣，也为理解这首诗歌打下了坚实的基础。

二、引导诵读，强化记忆

古诗虽然字数不多，但是意境深远，音韵和谐，读起来琅琅上口，令人回味无穷。所以，教学古诗的一个重要环节就是在朗读中感悟诗歌的意境。

我在教学刘禹锡的《望洞庭》一诗时，介绍了作者以及时代背景后，在课堂上一边播放洞庭湖夜晚美丽景色（清澈透明的洞庭湖水，与天上的明月交相辉映，水平如镜的湖面上群山掩映，一位头带长巾的长者，背着双手站在湖边欣赏着这梦境般的美丽景色。配音为古筝音乐），一边仿照古人读诗："湖光 / 秋月 / 两相和，潭面 / 无风 / 镜 / 未磨。遥望 / 洞庭 / 山水色，白银 / 盘里 / 一 / 青螺。"给学生以身临其境的感觉。

接着我激情引导："伴着这动听的音乐，欣赏着如此美丽的风光，谁愿意读这首诗？"几个同学举起了手，我肯定了这几个同学的朗读之后，又给学生示范朗读这首诗。我朗读时让同学们闭上眼睛想象："假如你就是刘禹锡，心情郁闷之时出外散步，突然看见这些让人流连忘返的美丽风光，此时心情会怎么样？你想展示出来吗？"同学们全都举起了手。于是我设置了一个比赛朗读的环节，看谁能读出作者当时的快乐心情，能在朗读中展现洞庭湖的美丽风光。最后请大家全部起立，充满感情地朗读《望洞庭》一诗，在同学们的朗读声中，洞庭湖美丽的夜景在我的眼前浮现，刘禹锡对祖国山河的赞颂之情在同学们心间回荡。

三、情景交融，陶冶情操

古诗的语言极为精练，于细微处见真情。在教学中创设情境，再现古诗的内涵和意境，能够陶冶学生的道德情操，对学生进行品德教育。

如教学《游子吟》一诗的最后一个环节，配上歌曲《母亲》："你入学的新书包有人给你拿，你雨中的花折伞有人给你打，你爱吃的那三馅饺有人为你包，你委屈的泪花有人给你擦……这个人就是妈，这个人就是娘……"歌曲内容配上这样的画面：风雨飘摇中年轻的母亲送孩子上学，人如潮涌的车站上母亲为当兵的儿子整理军帽，瑟瑟秋风中白发苍苍的母亲送儿女出远门，医院内憔悴的母亲给病重的女儿输血，昏暗的灯光下孟郊的老母亲在为即将远行的儿子缝制衣裳……

接着我真情启发："'谁言寸草心，报得三春晖。'同学们，母爱如山，厚重深远，母爱如水，绵延万里。说到母亲，我相信你们每个人的心里都会像孟郊一样涌动着一股激情，今天，我们就借助手中的笔来歌颂我们伟大的母爱，请大家以《母亲》为题，写一篇小短文。"这一环节的设置，既是对本课学习内容的拓展，又引导学生学会感恩，在诗歌欣赏中陶冶了学生的情操，在现实情境下理解了古诗的内涵。

四、由此及彼，延伸课外阅读

古诗不但内容丰富，而且其数量也是相当可观的，语文课本中只收录了其中很少一部分。所以，在教学中合理补充古诗，不仅可以强化对课文的理解，而且可以扩大学生的阅读量，拓展学生的视野，提高阅读质量。

如唐代诗人柳宗元的《江雪》一诗，是柳宗元被贬柳州之后所作，当时作者精神上受到很大刺激，心情很压抑，于是借写渔翁独钓寒江，表达自己清高孤傲的情感。这位"迎风抗雪，孤舟独钓"的老翁，正是他本人不屈不挠的人格化身。为了更好地理解这首诗的内涵，我适时补充了"语文课标"要求背诵的清朝王士祯的《题秋江独钓图》一诗，并通过朗诵创设该诗意境，引导学生通过对比的方法学习这两首诗。学生在听完两首诗的朗诵后，逐步体会到了柳宗元创作《江雪》时的思想和王士桢在《秋江独钓图》上题诗时的豪情。所以，教师要敏锐捕捉、巧妙引导学生的阅读期待，拓展学生的阅读空间。

语文教学不只是教授学生语文知识的过程，同时还肩负着立德树人的任务。语文教师要用好语文及与语文相关的内容。对于古诗词教学，我们精心创设情境，优化教学过程，既有效激发了学生的学习兴趣，又陶冶了学生的审美情感和道德情操，不仅提高了学生的读写能力，而且还弘扬了祖国的优秀文化。

给学生读说感悟的机会

《语文课程标准》指出："阅读是学生的个性化行为，不应以教师的分析来代替学生的阅读实践。""要珍惜学生的独特感受、体验和理解。"因此，在阅读课教学中要给学生读、说、感悟的机会。这里以《一夜的工作》为例谈谈我的一些做法。

一、精心设计，强化理念

阅读的实质是一个动态感悟的过程。阅读教学的过程就是学生、教师、文本之间对话的过程。在阅读教学中，教师应该让学生拥有自主阅读的权利，让学生在动态的感悟过程中学会阅读。教师在教学中必须尊重学生的个人理解，善于激发学生的阅读兴趣，让学生真正体验自己的成功。本节课在教学设计中力求使每一位学生积极地参与到学习过程中，给每一位学生读、说、想的机会，让学生大胆表现最佳的自我，真正走进文本与作者对话，与总理对话。

二、分析教材，确定教法

《一夜的工作》是人民教育出版社小学语文第 11 册第四单元的一篇精读课文。根据本课的学习目标和学习内容，结合学生实际，我在教学中采用了朗读感知和引发争议的教学方法。首先让学生在阅读中亲近文本、走近作者、走近总理，进入角色自悟内容。然后结合课件，让学生感悟作者的情感，抒发对总理崇敬、爱戴的感情，并组织小组合作交流，培养学生良好的阅读习惯。

三、细读品味，整体感知

语文是人文性与知识性的综合，所以在教学过程中我以平等的身份与学生交流，创造了民主平等、宽松自由的学习氛围。在整节课的教学过程中时时以亲切、平和、激励、启发性的语调，从尊重学生的理解和感受的角度启发引导学生去读、去想、去说。例如：对于课文中侧重描写总理工作劳苦，生活简朴的段落、句子，通过学生集体朗读、自由读、比赛读的形式放手让学生自己去读、去体会，让学生借助自己的朗读感知、理解课文内容。

四、引发争议，激活创新

学生是有差异的个体，他们的生活经历不同，所处环境各异，知识水平、理解能力有别。因此，教师要允许学生在阅读中强调自己的个性体验，例如：总理工作一夜之后的夜宵，在课后有一道关于花生米增加与否表明自己观点的习题，放手让学生通过自己的朗读去感悟、去体会，给学生一个表明自己观点的机会，并体现对于课文不同的理解就有不同的读法这一理念，让学生通过多次的朗读自我感悟花生米到底增加了还是没有增加。

五、合作交流，加深体验

结合课文内容，组织学生合作交流，通过学习对总理、对何其芳又有了哪些新的认识，加深对文本知识的体验，拓宽学生的思维，充分发挥课文“向导”的作用，准确地感知人物的生活特点、工作作风、社会影响力，等等。

在阅读教学中，只要我们结合语文学科的特点，发挥学生的主体作用，给学生提供感悟、创新的机会，在学习过程中，学生就会掌握学习的主动权。这也是在新课程改革中培养学生主动阅读、乐于探究、团结合作、勇于创新的有效途径。

原载于《教师报》第1294期2004年12月19日

爱，需要支点

——《唯一的听众》教学反思

《唯一的听众》是人教版小学六年级上册第三单元的一篇文章。这篇课文通过语言描写、外貌描写、动作描写、心理描写以及侧面描写，在我们面前展示了一位充满爱心、和蔼可亲的老教授形象。这位老教授以一个美丽的谎言——耳“聋”，在不知不觉中给予了作者真诚无私的帮助，使他成为一名优秀的小提琴手。教学结束后，感受颇多。纵观整节课，我想从得与失这两方面反思一下。

一、这节课的成功之处

（一）静心默读，整体感知

初读时引导学生通过默读，整体把握故事内容，让学生沉下心在默读中感悟“我”的心理变化，感受老教授的真诚帮助。文章开头直接指明“父亲”和“妹妹”对“我”练琴的态度：“用父亲和妹妹的话来说，我在音乐方面简直是一个白痴。……我不敢在家里练琴了。”这些文字如实描写了家人对“我”练琴所持的态度，也为下文老教授的出现埋下了伏笔，家人对“我”的打击和老教授对“我”的鼓励形成了鲜明的对比。文中对“我”后来练琴环境的描写，表现了“我”喜欢音乐，喜欢练琴，以及发现树林子这样好的练琴环境的兴奋心情。

但是“我”糟糕的琴技打破了林子的宁静，也打扰了老教授享受宁静的时光。就在“我”沮丧、难堪并准备溜走之时。老教授平静地望着“我”，说：“我想你一定拉得非常好，可惜我的耳朵聋了。如果不介意我在场，请继续吧。”爱需要支点，正是老教授的真诚表扬，给了“我”坚持练习小提琴的支点，帮“我”鼓起了勇气和信心。于是，“我”不但又开始在家里练琴了，而且每天坚持“面对一位耳聋的老人尽心尽力地演奏”。

（二）品读文本，感知爱心

情感朗读不仅可以体现学生对文本的理解程度，还可以展示学生内心的深刻感受。这篇课文语言质朴、清新，很有美感。无论是人物的动作描写，还是语言描写，都犹如一首首清新的小诗打动人心。这些富有灵性的句子、段落冲击着“我”的心灵，也震撼着读者的内心。老教授对“我”不着痕迹地鼓励，“我”对老教授的敬佩、感激之情融于字里行间。课文一段段优美的文字促使学生用心地一遍遍品读人物的语言和动作描写，在读中感悟“我”对小提琴的热爱，在读中体验老教授对“我”浓浓的爱。如：“我蹑手蹑脚地走出家门，心里充满了神圣感，仿佛要去干一件非常伟大的事情。”“我在一棵树下站好，庄重地架起小提琴，像举行一个隆重的仪式，拉响了第一支曲子。”学生在朗读这些句子的时候，同作者一起感受那份自信，那份欣喜，那份神圣。教学中，我引导学生通过多种形式品读有关描写老教授动作、神态、语言的句子，使学生在默读中感动于老教授给“我”的自信，在齐读中体验老教授给“我”的爱的支点，在自由朗读中感受“我”在爱的鼓励下练琴的轻松心情，在配乐朗读中感受“我”对小提琴无法割舍的喜爱，以及老教授对我的鞭策和鼓励。在品读中老教授的光辉形象似乎就浮现在我们眼前，在品读中“我”的琴技似乎在逐渐提高，在品读中我们似乎看到了“我”面对成百上千观众拉琴时的如痴如醉。

（三）升华情感，体验支点

有位哲人说过：“正是儿童承袭了人类最初的诗性性格，他们的智慧既指向眼睛看到的地方，也指向心灵看到的地方。”教学中引导学生懂得生活和学习中的挫折不是惩罚，而是学习的机会。要学会正确面对挫折，面对打击和批评，要有勇气改变可以改变的事情。学会用心体验爱的支点，既要学会接受“润物细无声般”的温柔之爱，也要学会承受“暴风雨式”的严厉之爱。正如文中的“我”在历经练琴被家人打击的情况下，“我”决定去树林练琴，因为老教授装聋并欣赏、赞美着我的琴声，老教授每天做“我”唯一的听众，使“我”开始有了信心，一种自信的力量在“我”身上潜滋暗长，使“我”渐渐奏出了真正的音乐，最终敢于面对大批的观众成功演奏。

无论何时，我们都要像作者一样点亮一颗心灯，让爱在自信和坚持的护送下起航。作为老师，我们也要像老教授一样肯传递、勤播种，只要我们坚持不懈，不经意间就会蓦然发现自己身边长出了绿色的奇迹。

二、课堂永远充满遗憾

本节课存在的问题：

1. 整节课师生对话太多，应放手让学生与学生互动交流、评价，必要时我再点拨。要想实现这样的自主学习课堂，还有待于进一步培养和提升学生的自主学习能力。

2. 朗读情感不足。学生们虽然能够理解老教授是一个懂得关心、爱护年轻人成才的慈祥的老人，“我”对老教授心存感激，但是对表现人物的句子情感朗读把握还不够到位，朗读时放不开，缺乏感情朗读。

3. 课堂气氛比较沉闷。公开课上学生面对众多老师，不敢大胆发言，不敢放声朗读。在今后的教学中要善于发现学生的优点，鼓励学生勇于展示自我。

生命是丰富多彩的，生命也是自由奔放的，生命是教育的原点，也是教育的终点。我们要用爱心和耐心给孩子一个爱的支点，帮他们撑起理想，让孩子们在风雨中享受成长的快乐。

原载于《陕西教育》2016 年第 10 期

小学生作文能力培养策略

作文能力是语文知识综合运用能力的体现。培养小学生的作文能力是小学语文教学的重要任务，同时也是小学语文教学的重点和难点。多年来，在小学语文教学过程中，我们发现不少学生怕写作文，写不好作文。在此，我结合多年来的教学实践，谈谈小学生作文能力的培养策略。

一、阅读是基础，夯实作文之基

阅读是吸收，写作是倾吐，阅读是写作的基础。从阅读中汲取营养，有利于学生学习写作技巧，促进学生写作能力的提高，这是作文教学的基本途径。

1. 阅读积累，提高语文素养。常言道："读书破万卷，下笔如有神。"写作源于积累，只有语言积累到一定程度，才可能文思如涌，妙笔生花。在教学中，必须加强朗读训练。要求学生正确朗读，做到眼到、口到、心到，适当增加背诵的量。同时推荐学生大量阅读课外读物，通过读背使学生把课本的语言转化为自己的语言储备起来，写起作文文思就如涓涓流水，连绵不绝。

2. 课中指导，学习作文方法。平时教学中有意识地把作文指导渗透到阅读教学中，引导学生学习作者观察事物、分析事物的写作方法，通过长期的潜移默化提高学生的习作能力。

3. 写读书笔记，养成勤于积累的好习惯。写读书笔记是提高学生的思维能力和写作能力的有效途径，引导学生在阅读时养成良好的读写习惯，摘录好词、好句、精彩片段，并反复吟诵。经过长期积累，语言就会丰富，写作时大量生动的语句就会涌向笔端。

二、兴趣为先导，激发作文之趣

兴趣是学习自觉性和积极性的核心因素，充分调动学生的作文积极性，是小学作文教学的重要环节，也是作文教学的重要向导。

1. 以“趣”诱趣，写学生熟悉的内容。紧紧围绕生活，以他们熟悉的事、景物为作文内容，从熟悉到喜欢，再到有感而发，有利于学生情感的表达。

2. 个性激趣，作文活动形式多样。小学生好奇心强，爱表现，形式多样的习作活动能调动学生的习作兴趣。如开展作文竞赛活动；让学生朗读自己的优秀习作；在阅读课上，鼓励学生分享自己在课外阅读中看到的好文章；还可以用导语激趣，或者创设情境激趣来培养学生的习作兴趣。形式多样的习作活动能有效激发学生的写作兴趣。

三、练写是关键，强化作文之能

要提高学生的写作能力，在教学中多练是关键，“练”是帮助学生打开作文之门的“金钥匙”。

1. 仿中求新，打开习作之门。联系课文和相关阅读范文，写作中可以适当引用或者仿写，在指导仿写的同时注重创新，写出具有自己特色的习作。

2. 贴近生活，练写丰富多彩的生活素材。生活是写作之源，引导学生做生活的有心人，留心观察生活。训练时，鼓励学生从细节着手，善于捕捉和记录自己的所见、所思、所想，通过坚持练写，不断提高写作能力。

3. 说真话写真事，抒发真情实感。在指导学生习作时，要求学生养成说真话写真事的好习惯。引导学生从小树立文品如人品的正确导向，引导学生作文时求真务实，把一个个平常题目延伸到生活的每个角落。创设自由表达的空间，让学生在交流中细细品味，体验真情实感。对于写“真”的作文，给予肯定表扬，以弘扬社会正能量。

4. 拓展思维，为学生插上想象的翅膀。在写作教学中，要教育学生敢想，并鼓励学生多想，让他们多写想象作文，最大限度发挥小学生爱幻想的天性。鼓励学生拓展生活素材，引导学生和动物交朋友，让学生多练写，养成写日记的好习惯，并且将“练”的方式多样化，使学生们在“练”中提高作文水平。

四、评改是巩固，提升作文技能

讲评、修改是作文教学中不可缺少的重要一环，要提高学生的习作水平，对作文的讲评、修改需要付出更多的精力和努力。

教师要认真批改学生作文，通过批改，教师可以了解学生作文的实际水平，便于总结作文教学的经验教训，及时改进教学，也可以搜集素材，为作文讲评做好准备，使学生了解自己作文的优点和缺点，并从中受到启发。重视讲评过程，不断提高作文讲评的质量。讲评结束，严格要求学生根据评议认真修改完善作文，让习作更精彩。

小学生的作文能力是语文知识综合运用能力的反映。教师要正视作文教学中存在的问题，探求解决策略，培养阅读兴趣，积淀素材和语言，在练写中提升和培养学生的写作能力，借助想象的翅膀，丰满写作对象，最后达到提高小学生作文能力的目的。

原载于《陕西教育》2018 年第 5 期

让语文课彰显语言魅力

语言是人与人之间最重要的交际工具，是见证人类走向文明及现代文化的重要组成部分。《语文课程标准》指出：语文课程应培养学生热爱祖国语言文字的情感，指导学生正确地理解和运用祖国语言文字。同时，《语文课程标准》中的阶段目标要求也提出阅读时要“感受作品中生动的形象”“感受语言的优美”“品味作品中富有魅力的语言”等。所以，在语文教学中教师要引导学生通过品读语言文字，感悟文本的语言魅力。

一、注重积累，品味语言的个性美

语文教学中，要引导学生积累词汇、成语、古诗词、名言警句和名篇段落，“熟读唐诗三百首，不会作诗也会吟。”通过量的积累，学生在说话和习作的时候才能把别人的变为自己的，化知识为力量。现在的语文教材是以学生为中心进行编排的，每个单元后边的“学习园地”就专门设计有知识积累版块，儿歌、谚语、成语、名言警句、名人名言、国学经典都在其中。教师采用丰富多样的手段激励学生熟读成诵，积累到一定程度学生就会在生活、学习中活学活用。

二、阅读感悟，领会文本语言的独特韵味

小学语文教材中的每一篇课文都是文质兼美的佳作，不仅浓缩了

作者丰富的情感，而且语言表达上也颇具特色。教学中教师要努力捕捉课文的闪光点、抓住课文精妙之处，引领学生细心品味，从一个个标点，一个个词语，一个个句子中去品味语言。通过细嚼慢品，激发学生与作者的情感共鸣，使学生不仅能感受到人文关怀，更能得到语言智慧的启迪。如小小说《桥》的语言特色是简短、急促、形象。文中“黎明的时候，雨突然大了。像泼。像倒。”两个字就是一个句子，用短句给我们强烈传达出雨来得急来得猛；“近一米高的洪水已经在路面上跳舞了。”“水渐渐窜上来，放肆地舔着人们的腰。”“水，爬上了老汉的胸膛。”简短有力的语言突出了当时情况的危急，我们仿佛看到洪水在不断地上涨，灾情在不断地加重。“桥窄！排成一队，不要挤！党员排在后边！”感叹号连续出现三次，老汉的喊话虽然是沙哑的，但是三个感叹号传出来的声音就像大山一样坚定，就像大山一样铿锵有力！

《“凤辣子”初见林黛玉》一文中对王熙凤的语言描写：“我来迟了，不曾迎接远客”，未见其人，先闻其声凸现她的放诞无礼、高高在上；“天下真有这样标致的人物，我今儿才算见了。况且这通身的气派，竟不像老祖宗的外孙女儿，竟是个嫡亲的孙女。怨不得老祖宗天天口头心头，一时不忘。”这段话抓住了王熙凤的语言来写，她表面上是称赞林黛玉的丰姿，其实是在阿谀贾母，也是在夸奖贾母那些真正的嫡亲孙女。从这里引导学生感悟王熙凤是个富有心计、见风使舵和聪明伶俐的厉害女人。王熙凤的话语不但充分展示了人物的性格，也体现了她在贾府的特殊地位。这两篇课文既是我们品读文本语言魅力的范本，也是学习描写人物语言的学习范本。

三、用心品味，感悟迁移

学习语言的目的就是为了交流。作家写文章就是为了表达自己的内心感受，让读者了解自己的思想。叶圣陶先生说过“语文教材无非是例子”。教材中优美、经典的语段，教师除了引领学生反复领会外，还要巧妙地抓住这些语言学习写作，达到与人交流的目的。这样不仅能够激发学生的学习兴趣，还可以提高学生的语言创作能力。

如俄国作家列夫·托尔斯泰的《穷人》，以极其细腻的心理描写表现了桑娜淳朴、善良的美德，在教学时，引导学生反复揣摩桑娜抱回孩子后忐忑不安的心理活动，学习作家细腻的写作手法：“她的心跳得很厉害，自己也不知道为什么要这样做，但是觉得非这样做不可。她把这两个熟睡的孩子放在床上，让他们同自己的孩子睡在一起，又连忙把帐子拉好。”“她忐忑不安地想：‘他会说什么呢？这是闹着玩的吗？自己的五个孩子已经够他受的了……是他来啦？……不，还没来！……为什么把他们抱过来啊？……他会揍我的！那也活该，我自作自受……揍我一顿也好！’”教学中先让学生仔细阅读这段心理活动描写，说说它有什么特点。在学生发现了这段心理活动的特别之处就在于运用五个省略号来表现桑娜的矛盾心情后，再引导学生走进人物内心世界，深入研究每个省略号的含义，联系上下文想想桑娜可能会想些什么。在反复推敲中学生的思维与文本发生碰撞，学生的心灵与主人公更加贴近，逐步体会到桑娜先是激动，继而紧张、担忧甚至是责备自己，最后坚定的复杂心情。学生在与文本做深入对话的过程中感受到了心理描写的细腻、传神，同时也明白了如何进行人物心理活动的刻画。

《小嘎子与小胖墩摔跤》通过动作描写，寥寥数语，就把小嘎子和小胖墩两人的摔跤情景写得栩栩如生。再看看吴敬梓笔下《临死前的严监生》，严监生临死时，他把手从被单里拿出来，伸着两个指头。两个侄子和奶妈猜不透他记挂什么，他的神情越发焦急：“摇头、眼睁得滴溜圆，手越发指得紧了。赵氏慌忙揩揩眼泪，走近上前道：‘爷，别人都说得不相干，只有我能知道你的意思……你是为那灯盏里点的是两茎灯草不放心，恐费了油。我如今挑掉一茎就是了。’说罢，忙走去挑掉一茎。众人看严监生时，他点一点头把手垂下，登时就没了气。”严监生危在旦夕，他临死惦记的不是亲人，而是两茎灯草的燃烧太费油。作者通过他的神情、动作揭示了他的守财奴、吝啬鬼形象。教学这些课文的时候，就要引导学生学习作者丰富的表达方式，要学会根据内容的需要选择恰当的表达方式。

语文是由语言文字组成的充满生命活力的课程，绚丽多姿的语言是语文课上一道亮丽的风景。语文课堂是提高学生语文素养的主战场，学生只有广泛积累、用心品读感悟，并将其迁移应用到生活学习中，才能彰显语文的语言魅力。让每一个学生都“想说”“会说”“能说”“巧说”，使我们的语文课真正散发出语言的魅力。

原载于《陕西教育（行政版）》2012 年第 4 期

浅谈语文高效课堂的构建

教学是一门艺术，同样的课不同老师的教学效果是不同的。如何构建语文高效课堂，已成为我国中小学语文教育改革中普遍关注的一个课题。笔者从教多年，也一直在关注、思考和研究构建高效语文课堂的策略。以下是我的一些思考，权且作为抛砖引玉之笔。

一、精心备课是前提

“工欲善其事，必先利其器。”如果教师对于一节课的教学目标、教学重难点、教学过程等不能做到心中有数的话，又怎么能有效提高课堂教学效果呢？因此，语文教师要想把“高效课堂”这艘船开稳，就必须先扬起“周密备课”这片帆。

备教材是基础，备学生是关键。备课时教师在花工夫“吃透”教材，将教学重难点琢磨到位的基础上，还要根据所教学生的实际情况合理地设计教学活动，要创设学生乐于学习的情境。教学设计要符合所教学生的年龄特征、思维规律，既要给学生创造独立的空间和展现才华的机会，又要让学生能主动走进文本，主动理清课文层次，感受文本内涵，把握文章的写作特点，从而更好地训练自己的语文思维能力。

备课时最好能够将全册教材的知识进行重新整合，根据学生实际情况设计合理的学案。学案要有梯度，由易到难，有探究方向，使不同程度的学生都能得到提高，思维都能受到相应程度的训练，从而调动每一层面学生的学习兴趣。台上一分钟，台下十年功。教师只有在课前备课准备充分了，才能在课堂上挥洒自如，才能谈语文的高效课堂，才能有效提高课堂教学效果。

二、高效授课是关键

要实现高效的语文课堂，教师除了精心备课，还要在课堂教学艺术上狠下功夫，必须创设富有自己特色的语文课堂教学模式。在语文高效课堂上，教师必须要具备当好“引桥”“路标”的意识，实现“主演”到“导演”的角色转变。“主演”永远是学生，教师是“主演”背后设计高效课堂这一剧情的“导演”。这个如何实现呢？

首先，要通过精彩的课堂导入来提升学生的学习热情。好的开始是成功的一半，如果课堂导入平淡无奇，学生的注意力便很难集中起来，对后面的教学就会造成很大困难。课堂导入要根据所教内容来灵活把握，但必须做到以下几点：①准确具体地揭示教学目标；②注重新课的导入艺术；③加强对学生学习方法的指导。

其次，要把握最佳教学时间。教师要将几十分钟的授课时间科学分配，让学生最大限度地接受所教授的内容。据心理学家研究，一节课学生思维的最佳时间是上课后的前五分钟到二十分钟。教师要抓住这个时间段，根据不同课型安排教学过程，调整教学方法，保证在最佳时段内完成主要任务、解决关键问题，然后再通过精心设计的练习或讨论等度过学生的疲劳期，使教学过程一直向着有利于学生发展的方向进行，保证学生在不同的时间内均有所获。

最后，要善于调节课堂情绪。课堂情绪包括教师情绪与学生情绪。教师必须要用自己的良好精神状态影响学生，切不能因自己的情绪低落而影响了学生的学习情绪。教师在课堂教学中始终给学生以积极向上的影响力，才能高效组织学生学习内容。

在教《月光曲》一文时，笔者引导学生在领悟课文的基础上，读出心中的感受，读出音乐所蕴含的深情。在导课时，播放了《月光曲》的钢琴演奏曲，先使学生对这首曲子形成最初的感受，激发学生的阅读欲望，使学生迫切地想知道这首美妙的乐曲是怎样谱成的。

在课堂教学中，教师采用了变换师生角色，转变学生学习方式的方法。老师不再是“教”，而是“导”，学生不再是一味地“听”，而是自主地“学”，让学生成为课堂的主人。铺设台阶引导学生情感朗读“弹得多纯熟啊，感情多深哪！您，您就是贝多芬先生吧！”教师采用这样的文字激情引导：“盲姑娘怎么也想不到，在这偏僻的乡村竟能如愿以偿地听到如此精湛、如此纯熟的钢琴演奏。而且酷爱音乐的她猜想眼前这位演奏者很可能就是赫赫有名的贝多芬先生。因此，盲姑娘又惊又喜地说——”学生仿佛已经和盲姑娘融为一体，很激动地朗读课文，感受盲姑娘的激动，以及贝多芬由同情到遇知音而即兴创作《月光曲》的复杂情感变化。这样，学生在教师的轻松引导下，从自己的深情朗读中明白了《月光曲》的旋律实际就是贝多芬当时的情感变化过程，巧妙地突破了本文的教学重点和教学难点。鉴于学生的音乐感悟力有限这一实际情况，我利用多媒体创设了丰富的情境，三幅月下图配上相应的音乐旋律，帮助学生去体会音乐的旋律和兄妹俩的想象之间的联系。通过欣赏音乐，让学生感受到《月光曲》的旋律美；通过画面欣赏，让学生感受到《月光曲》的视觉美；通过多种形式的朗读（分层读、表演读、齐读），使学生的情感得到了进一步的升华，有效激发了学生的阅读欲望和情感体验。让学生感受到《月光曲》的文本美，通过展开丰富的想象，让学生抒发自己的情感体验。

教学中，教师精心设计了一个讲故事的环节。讲故事之前，给学生充分的时间让学生在小组内交流，然后再完整地讲给全班同学，讲完后请其余同学予以补充评价。在交流中，学生互相启发，既理清了文章的线索，又丰富了学生的语言。这一“读”一“说”，既很好地使学生理解了课文，又提高了学生的合作能力和语言表达能力，进而使学生体会到贝多芬思想上同情劳动人民，其音乐服务劳动人民的伟大精神。

三、拓展练习是保证

拓展练习并非课后的题海战术，而是注意拓展练习的有效性。首先，练习题的设计要有创新性。结合所学课文设计的拓展练习要让学生有话可说。教《月光曲》时，设计的拓展练习题是欣赏贝多芬的钢琴曲《田园》，谈自己听钢琴曲《田园》时的所思所想，再写成一篇小短文。这样的题型把课文与拓展练习联系起来，既帮助学生深入理解了课文，又提高了学生的想象力和创造力。其次，学生的作业要精选有针对性的题型。例如，学生经常把“戊、戌、戍”等字混淆，教师可以借助儿歌“戊平、戍点、戌中空”帮助学生记忆，并借助句子有意识地组词填空，以便学生巩固这几个字。另外要根据练习中常犯的错误，改进备课与教学的过程，真正形成高效教学模式。

俗语云：“教无定法，贵要得法。”优秀教师对教学的追求是永无止境的，成功的教学模式需要不断研究，只要我们不断学习教育理论，不断反思自己的教学实践，不断探索有效的教学途径，认真倾听学生的心声，语文课堂的教学效果一定会得到提高。相信我们的努力一定会让我们的语文课堂绽放绮丽的花朵！

注重能力培养，回归学习本真

小学语文是一门注重语言文字应用的学科。进行语言文字训练，加强听说读写能力的培养，是小学语文教学的主要任务。在四十分钟有限的课堂教学时间内，如何对学生进行能力培养，回归语文教学本真是实施素质教育，深化语文课堂教学改革的一个重要问题。在教学活动中，笔者自觉摒弃“应试教育”的影响，以学生的终身发展为己任，用素质教育的要求来规范和指导自己的教学活动，具体做法包括以下几个方面：

一、以问题为导向，提升学生学习能力

部编版语文教材大胆创新，凸现语文素养，教学目标明确，采用双线结构组织教学内容，以宽泛的人文主题将单元课文组织在一起，同时将语文训练的基本要素分成若干个知识或能力训练的“点”，由浅入深分布在各个单元，形成了一条贯穿全套教材的显性线索。因此，教师要深入钻研变更后的部编版教材。研读教材时笔者先通读教材，了解其全册主要内容的语文要素，以及各单元训练要素；再认真精读教材，边阅读边认真分析每个单元的人文主题，深刻领会教材的“变”和“不变”之精髓；备课时反复研磨教材，依据学情确立教学目标、教学重难点、教学方法以及课前要做的教学准备工作；教学过程中，

根据学生感知程度，适时调整教学进程，确保全体学生积极主动参与学习过程；教学之后再针对教学过程中出现的问题重新复读教材，结合学情，补充、修订教学设计，并认真撰写教学反思。

反复钻研教材利于教师全面、深入地把握新教材，从而准确定位每节课的教学目标，便于教师选择恰当、合理的教学方法，课前做好充足的准备工作，也为教师课堂教学提供了有力保障。阅读教学过程中坚持问题导向，例如在教学《琥珀》时，按照单元训练要素："1. 阅读时能提出不懂的问题；2. 展开奇思妙想，写一写自己想发明的东西。"教学时对学生提出明确的阅读要求："请同学们默读课文，提出自己不懂的问题，并试着解决。如课文最后一段为什么说：'从那块琥珀，我们可以推测发生在几万年前的故事的详细情形'。"要求学生带着问题去默读课文，理清课文脉络，引导学生抓住课题及关键词"推测"提出问题，了解琥珀的形成过程。鼓励学生大胆质疑，通过个人阅读提出问题，小组合作学习提出问题，在个人和小组解决问题的过程中，培养学生的自主学习能力和团队合作能力。解决问题的过程也是学生主动阅读、收集、整理、提炼资料的过程。落实每个单元语文要素，不但可以培养学生独立思考、勇于探究的学习习惯，而且能有效培养学生的思维能力和语言表达能力。

二、抓住重点字词，浸润读写能力培养

教学实践告诉我们，老师的"教"就是为了学生的"学"。不仅要使学生"学会"，更重要的是使学生"会学""乐学"。为了确保学生的主体作用的发挥，在教学设计时，教师要给自己确定三条原则：一是注重对学生的学法予以指导；二是让学生成为课堂的"主角"，留给其足够的活动和发表意见的时间；三是学生自己会学的不教，学生能学会的不讲，当好课堂的主导者和学生学习过程中的参与者。

在课堂教学中，教师要努力营造一种和谐、民主的教学氛围，精心设计讲课方案，创设具有启发性的谈话，激发学生学习兴趣，引导学生抓住重点词句理解课文内容，学做读书笔记。这样既利于学生理解字词句的内涵，又培养了学生的积累运用能力，也提高了其认识事物和分析事物的能力，为学生的语用打好坚实基础。

教学中引导学生抓住文本关键字词，理解作者的用意，渗透读写能力的培养。如在教学《燕子》一文中，文章末尾写道："几对燕子飞倦了，落在电线上。蓝蓝的天空，电杆之间连着几痕细线，多么像五线谱啊。"让学生读这句话，找出用得最适当的字或词并理解其内涵。学生找出"落"和"痕"后，再让学生查字典并讨论其内涵，学生回答不上来。教师提示："请联系上下文再读读，'落'和'痕'字可以用什么字代替？"学生回答"停"以及"根"和"条"字。教师又追问学生："作者为什么不用'停''根''条'字，而要用'落'和'痕'呢？"既而又指导学生看图，读课文，想象，思考作者所处的位置及他所看到的情境。学生讨论后，认为作者站在远处看那些电线，模糊不清，似有若无，看上去很高很远，只是淡淡的"几痕细线"。而一个"落"字写出了燕子的轻盈、灵巧，既传神、又形象，并与文章第一段呼应，进一步写出了燕子活泼机灵的特点。通过这两个字的理解，引导学生字词的内涵要联系上下文来理解，要站在作者的角度去认识其用法，这样，才能理解字词意思，明确文章的意蕴之所在。课文中类似例子很多，《田忌赛马》一文中"胸有成竹""只……就……"表现出孙膑的足智多谋；而"得意洋洋""目瞪口呆"则把齐威王的骄横和出乎意料的失败刻画得入木三分。《"诺曼底号"遇难记》一文中，"奔跑着，尖叫着，哭泣着，惊恐万状，一片混乱"突出了大轮船遇难时游客的恐慌以及当时现场的混乱，为哈尔威船长的出场做好铺垫，也侧面描写了哈尔威船长镇定自若、临危不乱的优秀品质。

对于文中的重点词句，引导学生反复阅读，讨论作者的用意，理解其内涵，进而领会关键词在文章中的作用。

三、学与用相结合，分学段落实训练目标

语文是工具性与人文性统一的学科，是对小学生进行语用能力训练的基础学科。部编版教材重在强化生活意识、活动意识，把学语文与用语文贯穿在全套教材之中。根据不同学段学生的年龄特点，进行栏目设置，增加学生联系自身的语文积累与生活经验的机会。

小学阶段的语文教学，教师不但要注重基础知识的教学，还要根据学生的学龄特点，分段落实读写训练目标，激发学生兴趣、精讲精练、学以致用，培养学生良好的阅读习惯，不断提高学生的阅读能力和写作能力。

阅读是提升学生语用能力的有效途径，鼓励学生多读书，勤积累。部编版教材设置的亲子阅读、全民阅读、自主阅读，促进儿童阅读进教材、进课程，使课外阅读课程化，有效克服了课外阅读的边缘化，对学生读课外书给予全方位的指导。部编版教材《口语交际》《习作》的话题安排，紧密结合学生的生活实际、生活经验，使学生有话可说、有内容可写。教师在教学过程中，采用恰当的教学方法，激励学生想说话，敢说话，促使他们学与用相结合，按年级分学段提升学生的语文能力。如，一年级：培养学生在生活中识字的习惯，采用比一比的方法，看哪位同学在超市通过标签认识的蔬菜、水果名称多一些；通过微信群晒一晒你假期外出认识的火车票、门票、飞机票上的字。通过班级比赛，培养学生主动识字的意识。四年级：利用节假日，要求学生设计海报或手抄报，要求图文结合，看谁的海报吸引力大。六年级：让同学们围绕“难忘的小学生活”为主题，设计综合性学习活动。

教师根据《小学语文课程标准》确立教学目标，引导学生抓住“重点字、词、句”对学生进行综合学习能力的培养，加强学生的语言文字应用能力训练，教给学生学习的方法，培养学生的学习能力，把有限的课堂教学时间延伸到生活中去，从以知识为中心转移到以学生为中心，让学生回归生活，健康成长，愉悦学习，幸福生活。

新时代如何落实思政育人工作

人才是科技发展的根本，学校是培育人才的主阵地。新时代教师要奋进担当、主动作为，认真履行教育教学职责，积极承担教书育人工作，以提高民族素质为使命。教育教学过程中坚持立德树人，培养遵纪守法的社会主义事业建设者和接班人。育人先育心，新时代教师更要高度重视学生思政教育，尊重学生身心发展规律，关注学生思想动态，搭建教育平台，合理利用教育资源构建教育仪式感。只有做好思政育人工作，才能确保学生在身心健康的前提下，努力学习，愉悦生活。

一、利用网络调研，整体把握学生思想动态

我国进城务工人员数量剧增，离婚率逐年上涨，家庭教育中父母缺位，导致“问题”学生越来越多。因此，教师要关注留守儿童和单亲家庭子女的思想动态，适时利用网络平台跟家长沟通交流其家校表现情况，引导家长经常通过电话、微信向孩子表达爱意、传递关爱，从心理上温暖子女，让孩子真切感受到家长虽然缺位陪伴，但依然关心自己的成长。教师从网络互动中准确把握学生思想动态，保护学生自尊，针对学生个体情况，和学生面对面沟通，帮助学生舒解精神压力，引导学生形成积极向上的人生态度，建立人格自信。

对于学困生和后进生，教师利用班会和课间活动时间，用富有正能量的网络图片和微视频鼓励学生，消除学生焦虑情绪。班内组建学

习小组，组内成员劳动时分工合作短时高效，集体活动时团结一心攻艰克难，在互帮互学中培养学生的团队意识，形成班级凝聚力。激发全体学生积极向上的力量，培养学生的学习能力和生活能力，引导学生形成文明、和谐、诚信、友善的社会主义价值观。

二、搭建活动展示平台，增强教育仪式感

教育需要仪式感，学生成长过程中，每一个仪式都记录着学生的成长历程。教育教学过程中，搭建立德树人活动平台，培养学生的责任感、耐挫力、感恩心、团队精神和集体荣誉感。学校隆重的升旗仪式、开学典礼、毕业典礼、入队仪式、成长礼、成人礼、入党宣誓仪式等，这些仪式感爆棚的活动，记录学生成长过程中每一个时间点的精彩画面，每一个仪式都像一幅幅镌刻着学生记忆深处动人的雕刻画。

组织好每周的升旗仪式，触动学生心灵，激发学生的爱国情、强国志。让每一次升旗仪式都成为学生心中的爱国主义教育大片，让每一次国旗下的讲话都在学生心中落地开花。班会课上，播放一组疫情期间全国各地防疫临时党支部临时搭建的帐篷上飘扬的党旗、疫情物资运送专车上的党旗、执勤路口迎着寒风飘扬的国旗的照片。无须过多的言语教育，学生亲身经历过新冠疫情的恐慌，所以交流感受时激情昂扬。一面党旗，就把我们对党的信任、肯定与我们受到的感动、鼓舞交汇在一起。让学生体会到，是中国共产党的正确领导，是中国人民齐心协力，才使新冠病毒的传播得到有效控制。交流感受后，组织学生全班起立高唱国歌，引导学生树立国强我在，国难我上的坚定信念。

弘扬传统文化，传递亲情，教育学生存感恩之心。清明节，倡导学生文明祭祖，用敬献一幅画、一束花等代替坟园烧纸钱祭奠的方式，用最环保的方式、最深情的怀念表达对故去亲人的思念之情。五四青年节，组织一场演讲赛，弘扬爱国思想，抒发理想情怀，激励学生自

我发展。母亲节，让学生给妈妈一个拥抱，帮妈妈做一顿丰盛的饭菜等，让学生怀感恩之心，用行动表达爱心。引导学生明确爱的传递不是仪式感爆棚的作秀，而是平凡生活中的真情流露。

三、整合教育资源，落实爱国主义教育，传承民族精神

信息时代要整合教育资源，有效落实立德树人教育目标。教师要有选择地整合教育资源，引导学生直面国际国内形势。通过主题演讲、话题讨论、青春告白等活动，由点到面，由浅入深，由近到远，由个案到一般，激发学生的情感共鸣。以正面引导为主，对学生进行爱国主义教育，传承中华民族的伟大精神。

作文课上，播放墨尔本航班满载防疫物品通往中国的视频，使学生感受到海外华人对祖国深深的爱；播放利比亚战争中，中国民航包机撤侨的视频，让学生感受到作为一个中国人的自豪，体会到祖国母亲对每一个中国人的爱。“中国护照也许不能带你去世界所有的地方，但能在战争来临时，不论你在何方，第一时间接你回家。”引导学生抒情言志，树立强健自我、科学报国的理想信念。

进行爱国主义教育，传承民族精神，不但要教育学生踏实做人，用心做事，培养学生的担当意识，还要教育学生要像钟南山、袁隆平一样，立志解决人民的健康和吃饭问题。通过讲述身边的抗疫英雄故事，培养学生的守土担责意识。

新时代赋予教师更为艰巨的历史使命。教育是没有返程的单向行程，教师要静心读书，不断修正自我，以爱与责任的名义传道授业，教育学生做真、善、美的人，服务社会、奉献国家。新时代教育人应该奋进担当，立德树人，培育栋梁之才，托举民族希望，以最美的姿态追赶岁月，在人生之旅上留下一路芬芳。

原载于《陕西教育》2020 年第 11 期

传承革命文化　培育有为少年

革命文化，是中国共产党领导中国人民在伟大斗争中构建的文化，它以马克思主义为指导，结合中国实际和时代特征，以“革命”为精神内核和价值取向，继承中华民族优秀传统文化，借鉴世界其他文明优秀成果，是具有鲜明中国特色的先进文化。

革命文化是革命实践的伟大创造，是中国革命事业的精神遗产和文化传承，是中国共产党人和广大人民群众优良传统和品德风范的集中体现，是推进中华民族伟大复兴的强大精神动力。党的十八大以来，习近平总书记高度重视革命文化教育和传承，他强调革命文化“为思政课建设提供了深厚力量”。统编版教材《道德与法治》融合了较多革命文化资源，本文以小学《道德与法治》五年级下册第三单元“革命文化”主题为例，就如何用好用活革命文化资源对小学生道德法治教育进行探索。

一、追溯历史，厚植爱国情

随着年龄的增长，学生视野不断开阔，他们通过影视、书籍对我国近代到走进新时代的历史进程已经有了大致了解，但小学生认知水平有限，其获取的历史信息比较零散，所以他们对于这段历史进程认识比较模糊。小学《道德与法治》五年级下册第三单元革命文化主题单元“百年追梦复兴中华”，系统呈现了近代以来中国人民为实现民族复兴走过的历史进程。本单元以重大历史事件、重要历史人物为主线，对学生进行国情教育、革命传统教育、爱国主义教育。结合统编版教材《道德与法治》的特点，教师在教学过程中要少一些说教。鉴于五年级学生已经有了一定的自主学习能力，笔者教学历史性内容时，结合本班学生的学情精心设计了一些学习活动。教师采用影视片段和历史资料创设情境，激发学生学习兴趣，让学生在自主学习和合作探究中追溯历史进程，先自己理解并体验各个历史阶段国家的地位和人民的生活，再通过集体学习深入理解。如教学《不甘屈辱奋勇抗争》一课时，通过播放《虎门销烟》《圆明园》《甲午风云》等小视频，激起学生的愤慨之情，点燃学生的学习热情。组织学生通过自主学习正文、“活动园”和“阅读角”内容，了解英国鸦片走私给中国带来的巨大灾难。让学生在小组学习中，探究英国1795—1839年输入中国鸦片数量不断增长的前因后果和林则徐禁烟的重大意义。让学生在集体交流汇报中明确英国向中国大量贩卖鸦片的真实目的，体会到清政府的腐败无能，导致国力衰败、国家主权沦丧、人民遭受列强欺凌。帮助学生了解中国人民面对帝国主义列强的侵略，奋勇抗争的史实，激发学生的爱国情。

教学时，教师通过展示《南京条约》《马关条约》《北京条约》等丧权辱国的不平等条约的内容，让学生通过史实牢记“落后就要挨打，自强不息才能立于不败之地”的道理。近代史是我国的屈辱史，但是距离学生比较遥远，因此，笔者灵活调换教材内容，并拓展应用香港回归资料进行对比，目的是引导学生通过自主阅读资料了解史实，拉近历史与现实的距离，激发学生自主探究在帝国主义列强的炮火攻击下，“覆巢之下，岂有完卵”的社会现实；体验中国沦为半殖民地半封建社会时，国土主权沦丧、人民遭受屈辱的真实状况；感悟英烈们不怕牺牲、英勇抗敌的爱国精神。习近平总书记强调："中国历史是最好的营养剂。"教师在学习活动中多引导学生重温中国人民的奋斗史，能有效教育学生铭记历史、奋发图强，传承民族精神，拥护中国共产党的领导,从小自觉服务社会和他人,树立我强国威、国威我荣的爱国情。

二、借助事件，激发报国心

从鸦片战争到新中国成立再到改革开放，以及走进中国特色社会主义新时代，期间典型的重大历史事件不胜枚举。小学教材《道德与法治》聚焦儿童的生活和成长，将教育的意图隐性化，教材风格富有童趣，从儿童的视觉展示我国发生的重大历史事件，因此对于学生较为熟悉的重大事件，教师要敢于放手，培养学生自读、感悟能力。教学时充分发挥教师的主导性和学生的主体性。教师给学生创建自主学习和互助学习的机会，教师是学生学习过程中的指导者和学习同伴，通过个人自主学习、小组互助学习、集体交流讨论等方式不断提高学生的学习能力。

学习过程中，教师给学生搭建展示平台，鼓励他们用童言童语讲述重大事件发生的时间、地点、原由、结果，引导他们学会用"穿珠帘"的学习方法巧妙记忆，为初中、高中的学习打下坚实的基础。如中国共产党的建立、南京大屠杀、新中国的成立、改革开放、脱贫攻坚等重大事件，提前布置学生通过影视、网络、图书、报刊等进行课外学习，在书本上做好批注和学习笔记，搞清事件的来龙去脉。上课时教师和学生轮流做主持人，鼓励学生敞开心扉进行交流，学生在组内交流、个人讲述、同学补充的过程中全方位、多层次、宽领域地学习这些重大历史事件和时事要闻。如教学《夺取抗日战争和人民解放战争的胜利》"勿忘国耻"这个主题时，教师播放歌曲《松花江上》，引导学生阅读歌词、聆听旋律，感受日军暴行之下，中国人民被迫背景离乡、家园沦丧、民不聊生的苦难生活。课件展示“九·一八”历史事件，课堂上要求学生先四人一小组进行组内交流学习，再由小组推荐代表在班内进行学习结果展示。学生在课前自主学习过程中已经做足了功课，通过小组交流更加胸有成竹，因此在集体展示环节中，他们用残历碑图片、用南京大屠杀的具体数字、用国家设立公祭日的意义等，有理有据地阐述日本侵略者在中国惨无人道的暴行，并呼吁同学们不忘国耻，以国家的名义捍卫生命的尊严，以人民的名义缅怀革命先烈，像周恩来总理一样从小树立为中华之崛起而读书的理想。学生讲述时感情真挚、表情丰富，肢体动作自然而然地表现出来，这样的学习效果远远超过教师课堂的说教。

在道德与法治课上，教师给学生创建宽松愉悦的学习环境，鼓励学生在交流互动中互助学习，不但培养了学生的个人学习能力，而且锻炼了他们的语言表达能力，还促使学生在倾听他人发言的过程中提炼有效信息，让学生在平等的课堂对话过程中传递正能量，悄然无声地实现自身道德的提高。身为新时代的少年，他们既是祖国的未来，也是民族的希望，教师在教学中引导学生挖掘重大事件的历史背景和深远意义，能有效激发少年儿童从小以正气立身，树立努力学习，科技强国的报国志向。

三、效仿榜样，树立强国志

不同历史阶段涌现出的爱国志士不尽相同，但他们都有一个共同的目标就是敢于担当并捍卫国家尊严、领土完整、人民利益。《道德与法治》教学时要突出其明理、循情、导行的特点，激发学生学习民族英雄和中国共产党人奋勇抗击、不屈不挠、誓死报国的斗争精神。教育学生传承革命精神，效仿革命英烈和人民公仆，树立热爱祖国、热爱人民、感恩社会、关爱他人、强大祖国的志向。

革命文化主题单元教学活动时，教师设计学习活动，让学生自主探究民族英雄林则徐，走进虎门销烟的浓浓烟雾，他们发现林则徐是我国近代放眼看世界的第一人，在他身上，学生看到了中国人民反抗外来侵略的坚定决心和顽强意志；通过交流学习广东水师提督关天培誓与炮台共存亡的悲壮故事，学生拓展到人民英雄邱少云、黄继光，感悟到我们今天的安定与祥和是千千万万个民族英雄和人民英雄用生命换来的。如教学“精神文明新风尚”主题时，组织学生在课堂上讲述自己知道的《感动中国》人物事迹，再列举身边的文明人和文明事，使学生懂得凡人小事皆有情。课后要求学生小组合作完成一张“文明从我做起”的手抄报，使学生明白精神文明建设涉及我们生活的方方面面，如果人人都参与到我国的精神文明建设工作中去，我们的社会将更加和谐，我们的人民将更加幸福。

习近平总书记指出：“在中国革命、建设、改革的历史进程中，一代又一代共产党人奋斗探索，既创造了欣欣向荣的伟大事业，也留下了弥足珍贵的精神财富。”在中国经济飞速发展时期，教师和家长要一起正视学生的道德培养，引导他们学习各个时期的优秀人物，遇到危险要像昆明被挟持的少年一样淡定勇敢；碰到年老体弱者主动帮扶。教育学生在日常生活和学习中，自觉践行富强、民主、文明、和谐，自由、平等、公正、法治，爱国、敬业、诚信、友善等社会主义核心价值观；让学生为当今祖国的强大感到自豪，同时，也要做中华民族伟大复兴中国梦的追梦人。

中国革命史，既是一部党员的个人成长史、党组织的实践奋斗史，也是党的自身建设史和理论创新史。实现中华民族伟大复兴，是中华民族近代以来最伟大的梦想。“数风流人物，还看今朝”，任凭世界风云变幻，只要我中国少年铭记历史，弘扬正气，传承革命文化，怀爱国心，存报国情，树强国志，他们一定能担当挺起民族脊梁的重任。

学好百年党史　培养担责意识

树高千尺忘不了根，中国共产党历经百年奋斗征程，人民不会忘记那些浴血奋战的革命英雄，祖国不会忘记那些挥洒青春的热血男儿。2021 年是中国共产党成立 100 周年，我们只有认真回顾中国共产党曾经走过的血雨腥风的艰难历程，才能坚定理想信念，心怀梦想大踏步走得更远。

党史进学校，党史进课堂，是青少年健康成长的需要，也是国家和社会发展的需要。各级各类学校必须把党史教育作为学校思想政治课的重要内容，只有通过形式多样的党史教育，才能让学生全面了解中国共产党的基本知识，才能深入了解“四史”，从而培养学生热爱中国共产党的思想感情，培养他们听党话、跟党走的思想和行动自觉，培育他们坚定不移地走社会主义道路的信念。笔者结合多年来的教育教学经验，建议从以下几个方面对中小学生进行党史教育：

一、传承光荣传统，感悟思想伟力

学校以思政课为主渠道，积极推动党史教育进学校。对全体学生开展党史教育，传承革命光荣传统，全面落实立德树人根本任务，让学生铭记党的丰功伟绩和各个历史时期的突出贡献，感悟中国共产党的思想伟力，增强青少年对党对国家的深厚感情，使他们勤奋学习、热爱生活，做中国特色社会主义事业的建设者和接班人，为实现中华民族伟大复兴的中国梦做出自己应有的贡献。

思想决定行动，不受思想指导和推崇地行动，无异于行尸走肉。改革开放后，出现了物质文明和精神文明的不协调，由于缺乏强有力的思想道德教育，错综复杂的社会矛盾冲击着广大青少年脆弱的心理。随着互联网的出现，西方各种思想和精神产品入侵我国，一些低级粗俗的东西侵蚀了青少年纯洁的心灵。有些青少年沉溺于网络游戏的虚拟世界；有些青少年不思进取浑噩度日；还有些青少年不愿劳动，贪图享受，成了典型的“啃老族”。因此，着力抓好青少年思想、道德教育势在必行。在学校开展党史教育，学生通过深入学习党史，可以感受到中国人民浴血奋战的艰难险阻，从心里增强抵御外来侵略和西方腐朽思想的能力，帮助学生树立正确的人生观、价值观和世界观。

在中国特色社会主义进入新时代的历史方位下，学校进行“四史”教育，要突出地方特色，开展现场教育。陕西要用好延安、照金、马栏等红色资源，弘扬革命精神和优良传统。利用陕西各个历史时期的革命旧址、纪念馆、爱国主义教育基地，先进人物的典型事迹，弘扬延安精神，传承照金精神和马栏精神。引导学生坚定正确的政治方向，学习老一辈革命家忠于党、忠于人民的崇高品格和革命精神，树立全心全意为人民服务的思想，鼓励学生在生活中发扬自力更生、艰苦奋斗的创业精神。

“四史”是血肉丰满的斗争史和奋斗史，不是普普通通的历史知识。党史浸润在语文、道德与法治、美术、数学、英语等学科中，中小学教师要结合学生的年龄认知特点和本学科特点，以学生可以接受的方式让历史站在学生面前。教师要结合学情和教学内容，制定精准合理的教学目标，确保教学的价值取向明确。

二、传承红色基因，突出教育主题

党史、新中国史、改革开放史、社会主义发展史都包含着红色基因，这些红色基因是激发学生树立爱国志向的好教材，新时代好少年，必须传承红色基因。虽然“四史”内容各有侧重，但是它们整体讲的是中国共产党为人民谋幸福、为民族谋复兴、为世界谋大同的实践史，中国共产党的领导始终是“四史”的主线。学校开展党史教育，可以围绕五四青年节、六一儿童节、七一建党节、八一建军节、九三〇烈士纪念日，十一国庆节等节日开展一系列主题鲜明的“节日里的党史教育”活动。传承五四精神、红船精神、井冈山精神、长征精神、雷锋精神、改革开放精神等红色革命精神，激励学生树立热爱党、热爱祖国、忠于人民的豪情壮志。

爱国主义教育是一个永恒的时代主题，开展以党史为重点的“四史”教育，重点是对中小学生进行爱国主义教育。中共中央在《新时代爱国主义教育实施纲要》中明确指出了开展爱国主义教育的重要意义：“中华民族是富有爱国主义光荣传统的伟大民族。爱国主义是动员和鼓舞中国人民团结奋斗的一面旗帜，是推动我国社会历史前进的巨大力量，是各族人民共同的精神支柱。”思政课上要突出重大历史事件和重要成果，党的重要领导人以及具有历史意义的重大会议。对学生进行爱国主义教育，要求学生铭记党的光辉历史和党的重要领导人的丰功伟绩，传承红色基因，激励学生在生活和学习中弘扬正能量。清明节开展“向烈士敬献花篮”主题活动，组织学生去当地烈士陵园祭奠革命英烈，通过隆重的祭奠仪式和宣讲活动教育学生铭记英雄的名字和光辉事迹。“六一”前夕，小学组织开展“红领巾胸前飘”主题队会，并组织开展“向英烈家属送祝福”主题活动，激发学生崇敬英雄、向英雄家属献爱心的自觉行动。中学组织开展“红心向党”主题演讲活动，进行党史和地方史教育。

各科教师在教育教学过程中要根据教材内容，随机渗透思想道德教育，旨在培养学生勤奋学习、敢于创新的精神，在教和学中筑牢中华民族的伟大复兴之魂。

三、培养担责意识，丰富学习形式

面向青少年群体开展党史教育，增强民族自豪感和社会责任感，培养学生的担当精神和责任意识。信息化时代的今天，要丰富党史学习形式，不但要把党史学习融入学校思想政治理论课，而且要开展丰富多彩的线上课堂和实践课堂，通过网络课堂大力宣传党史基础知识，加强革命传统教育。通过实践课堂，让青少年体验中国共产党百年奋斗史的艰辛。党史理论课上教师要筛选经典故事，创设历史情境，引领学生走进历史，理解历史，主动探究历史，自觉反思行为。通过组织学生观看《秋收起义》《井冈山会师》《开国大典》等党史重大事件视频，让学生直观了解党史，触动学生的心灵，培养学生的爱国主义情感。通过组织学生观看毛泽东、周恩来、邓小平、钱学森、邓稼先等杰出人物的宣传资料，拉近学生和这些伟大人物之间的距离，使学生对他们产生强烈的亲切感、崇拜感和自豪感，从而敬仰这些革命先辈和伟大人物的卓越功勋，逐步实现学生与这些历史巨人的“交往”和“对话”，增强学生的民族自豪感和社会责任感，激励学生像他们一样用自己的热血和满腔热情报效祖国。

中小学开展党史教育学习，要以重视学生的道德认识和道德情感培养为前提，培养有爱心、有责任心、有良好行为习惯和个性品质的人。党史学习过程中，教师既要结合具体的学习内容，创新学习形式，用丰富多彩的学习形式，激发学生的学习积极性和主动性，还要重视培养学生的责任感，使学生具有良好的生活学习习惯。如通过聆听故事、观影活动、经典诵读、诗歌朗诵、红歌传唱等形式，让学生在情境再现中产生情感上的共鸣，从而培养学生的担当意识和社会责任感。

教育的核心是教学生学会做人，在中小学深入开展党史教育，就是要继承和发扬党的优良传统，强化社会主义建设者和接班人的责任意识。让学生牢记“前事不忘，后事之师”；让学生勿忘国耻，珍惜和平，勤奋学习；还要让学生明确只有振兴中华才能告慰亡灵，只有强大祖国才能弘扬民族正气。

激发兴趣　突出实效

兴趣是学习的第一步，兴趣是学生最好的老师。教师在教学中要以灵活、多样、新颖的方法为学生创设乐学、爱学的学习氛围。笔者在数学教学中，尝试用创设情境激发学生的兴趣，促进学生积极主动参与学习过程。

一、学习生活化，提升学生参与热情

学生课堂上的热情参与，积极思维，主要来源于对学习内容的兴趣。有了浓厚的兴趣，就能增强学生学习过程中的积极性。教师要想方设法根据教材的特点、学生的年龄特点，以教材为载体，以语言训练为内容，灵活运用各种方法、手段，调动学生参与的热情。低年级学生好奇心强，在教学过程中，我采用让学生亲眼看、亲耳听、亲手摸、亲自试的办法使用数学学具，把枯燥的数学学习情趣化、实物化。这样既锻炼了学生的实际操作能力，又轻松快乐地完成了学习任务。对于高年级学生，多采用情境化教学模式，促使学生课堂上保持良好、积极的学习态度，引导学生参与全课堂的操作、训练、思考和总结过程。教师带领学生进入生活中的数学世界后，同学们发现原来在生活中数学无处不在。只要积极主动地走进社会，关注生活，就会发现生活中的数学是活生生的，在生活中学习数学其乐无穷。

二、鼓励创新，激发学生大胆质疑

小学生想象力丰富，对新事物充满了好奇心，常常要问为什么。他们勇于发表自己的独到见解，能够用新颖或独特的方法解决问题，有时也喜欢标新立异。在教学中，笔者常引导、鼓励学生在数学学习活动中的多向思维，给他们自由学习的空间和时间。实践证明，数学学习中可以让学生自己分工，先尝试独学，再通过合作学习解决问题，对于大家都不会的习题集体讨论，教师点拨。开放的课堂，学生们兴趣盎然，他们的“学习成果”往往会给我们老师一个意外的惊喜。

鼓励学生质疑，求异出新。质疑的过程实质是学生积极思维的过程，是提出问题、分析问题、解决问题的过程，其中包含创新的萌芽。在教学中，质疑可以激起学生的求知欲，激发学生的兴趣，也是学生主动学习的表现。如教学应用题时，先让学生读题，然后问：“从题中你知道了什么，你想根据这些条件，解决怎样的问题？”从读、思、讲中，让学生在质疑的激发下参与到解题的过程中，主动寻找答案，心智得到开发。

三、合作学习，突出学习过程实效性

学生是学习活动的主体，教师是学习活动的组织者、指导者、参与者。学生们讨论、争辩、表达及倾听他人意见的机会是合作学习的重要内容，这样就使教学活动兼具单向、双向和多向交流的多重色彩，形成了一个信息交流的立体网络，极大地调动了学生学习的积极性，提高了学生学习过程中的参与度。教学中，设计一些有利于分工完成，又必须合作完成的学习任务，促使人人动手，人人动脑，互帮互助，既培养了学生的数学学习能力，又培养了学生的合作意识。如我在教学读大数时，让学生在小组中每人做一张数字卡片，先读出自己卡片上的数，再用各组每人卡片上的数组成一个大数，然后叫自己组的同学读出这个数，其余小组同学写出这个大数，看谁写得正确，学生互动时配合积极，轻松完成教学任务。数学教学中，激励每个学生以一种积极的心态合作学习，共同针对某些问题进行探索，使学生在互评、互检、互考等学习活动中学习能力都得到提升。给不同层次的学生创造充分展示自我的机会和空间，调动他们主动学习的积极性，使他们提出不同的观点，从不同角度展开讨论，开拓思路，突出数学合作学习的实效性。

在数学教学中我们要爱护学生的好奇心、求知欲，充分激发学生的主动意识和进取精神。在数学和生活中架设一座连接儿童终身发展的长桥，带领学生在实践中打造创意生活的钥匙，发挥数学学习的实效性，让数学学习在师生互动中焕发生命活力！

原载于《教师报》第 2441 期 2016 年 5 月 15 日

关注教师发展，重视过程管理

美国学者弗兰西斯说：“你可以买到一个人的时间，你可以雇一个人到固定的工作岗位，你可以买到按时或按日计算的技术操作，但你买不到热情，你买不到创造性，你买不到全身心的投入，你不得不设法争取这些。”作为现代教育来讲，学校管理的目标不仅是要千方百计促使全体教职员工全身心投入到教育教学中，更要培养、塑造教职员工的事业心，让学校成为管理者与全体教师共同创新、一起成长、携手并进的事业平台。管理者要放下身段，做一个求真务实的管理者。

一、做一束“火把”，点燃教师工作热情

教育是一场没有返程的长途旅行。学生是一块未经雕琢的“宝石”，但是这些“宝石”要想发光发亮，需要经过学校教育这样一个漫长的雕琢过程。工作中时常听到从教多年的老教师抱怨：“小学教师的工作太单调了，高低段循环，三年换一批学生。一轮一轮地重复，教学内容就是那些，教材都能倒背如流了。”基于这种认知，从教时间长的教师在工作中缺乏积极性和主动性，教育教学过程中的创新性更是无从谈起。学校中老年教师的工作状态直接影响到学生的精神风貌，也影响到学校教师的团队精神和学校发展。

虽然小学知识点就那么多，教材万变不离其宗，但是我们的教育对象变了，学生的思想几乎天天都在变。我们仔细观察、比较不同教龄段教师的授课情况，就会发现，教师对教材的熟悉程度较深，会极大提升教师的专业素养。长期扎根一线教学才会迅速掌握学情，进而衍生出恰如其分的教学策略，适时生成教学成果，从而创造性地、优质高效地完成教学任务。因此，学校管理者要充分意识到，中老年教师自身丰富的教育经验和专业素养是一笔不可多得的隐性财富。

那如何才能将这笔隐性财富有效地利用起来？笔者认为，学校管理者要充分引导教师明确教育教学不是简单的重复，而是生动的重复，正如自然界的草木，今年枯了明年还会复活，花儿今年落了明年还会再开，但花草已不是去年的花草了。观赏花草的人不同，感受也就不同，即使同一个人去同一个地点看同一种花草，心境不同，感受也不同。教育教学亦是如此，看似重复，其实种种细节已经发生了变化，教师需要做的就是化劣势为优势，每一届学生不一样，教学方法就不一样。课堂永远是一种生动的重复，而不是一成不变的翻版。因此，教师要始终以全新的眼光对待每一届学生、每一节课。

管理者要点燃教师的激情和热情，让教师把平淡、简单的工作变成“生动的重复”。针对中老年教师的职业倦怠状态，学校领导班子中一两个领导的“火种”已经不足以调动教师的工作积极性，所以领导班子成员要群策群力，拧成一束“火把”，在关爱和专业引领上下功夫，点燃教师的工作热情。引导教师要因材施教，结合本班学生的实际设计教学目标和教学内容，教学方法也要根据学生特点不断调整。现在的小学生思想活跃，他们通过各种渠道获得的信息量很大，所以他们会有无数的奇思妙想。小学教师必须以高度的教育热情认可孩子的灵性，在学习过程中鼓励和支持学生的探究精神，培养学生的学习能力。现代教育不再是注入式的说教，学校的管理者们要善于鼓励教师把重复的工作生动化，激励教师创新教育模式和教学方法，不断发现和研究小学生的思想火花。教师要为学生创造探究式自主学习的情境，为学生提供必要的学习资源，给予学生学习方法指导，培养学生自觉学习的习惯和自主学习的能力。

二、做一盏“明灯”，照亮教师前行路途

学校管理者要善于鼓励教师发挥潜能，学校的管理水平决定了教师的专业发展高度。如果说课程是跑道、目标是终点，那么学生就是跑道上的运动员，教师就是教练员。学校管理者要做一盏“明灯”，照亮教师前行的道路。领导激发教师潜能时，要深入一线教师群体，注重过程管理，把课堂教学过程、课题研究过程、赛教实施过程、教学成果评选过程、学生管理过程、家校互访过程等工作业绩，细化到职称评定和量化考核细则中，以摸得着、看得见的实实在在的业绩鼓励教师积极作为。心理学研究结果证明，一般人通常只是发挥了个人潜能的百分之五，人的百分之九十五潜能被藏匿在生命的暗箱里。在奔向目标的运动中，管理者要激励教师发挥潜能，教师也要借助教学手段和多种资源不断指导和训练学生发挥自我潜能，做最好的自己，为到达终点不懈努力。

新一轮课程改革，对教师专业发展提出了更高要求。教师要做一个知识的领路者，教给学生学习的方法，把学生带领到知识的水源处，让学生积极主动去“汲取水”。课程改革和学习模式的变更，要求教师要有专业理念、专业知识、专业技能。因此，教师要不断学习，才能跟得上教育的发展变化。在课程改革中，管理者要放下担心和害怕，引导教师适应师生关系中的角色变化，教师要做好学生学习过程中的引路人，与学生合作学习，关注个体发展，注重学生的个性发展。鼓

励教师通过多种渠道不断提高专业素养，同时为教师搭建平台，让教师展示自我，做学习型、研究型、创新型教师。

三、做一个“同伴”，陪同师生一起成长

我们经常讲，教师要给学生一碗水，自己就要有一桶水。在信息化时代的今天，学生摄取知识的途径越来越广。因此，学校的管理者也要不断“充电”，这样才能为教师的教和学生的学注入新鲜“血液”。管理者要做教师和学生的学习同伴，和教师、学生一起成长，让师生、家长和社会看到学校的发展方向。教学管理是学校管理的重要组成部分，教学质量是学校的生命线。因此，学校管理者要联手搞好教学管理，后勤管理者要全心全意服务教学和一线教师。校长和主管教学的领导必须深入课堂，教师和学生要一起参加班级文化建设，管理者要亲自参与教育教学的实施过程。学校管理者只有走进课堂，参与教、学、考、评的每一个过程，才能发现教育教学过程中的实际问题，领导的参与也是对教师和学生最大的支持和鼓励。领导参与听评课活动，能全面掌握教师的教学水平，了解学校教师队伍现状，利于统筹安排教育教学工作和教师培训，也能给一线教师的班级管理和教学提供建设性的改进意见。

行动是无声的语言，管理者只有把自己融入课堂、融入活动中，才能感受到教师、学生的所想所需，才能更有效地激发教师的教学热情和学生的学习动力。管理者的参与是用无声的行动感召教师做好教育教学工作的有效手段，这样的行动参与远远大于无数个动员会、促进会的说教效果。

管理者的思想决定了学校的发展方向，激发教师追求自己的教育幸福，领导和教师一起养成每日自省的习惯。在教育之路上赏识教师，关爱教师个人成长，增强教师职业认同感；关注学生，引导学生健康

成长，热爱生活，快乐学习，理性思维。管理者们要齐心协力，共谋学校发展，全面分析、综合学校的各种因素，拿好手中的指挥棒，在管理过程中宏观调控学校管理、微观重视个体发展，让学校这个“合唱团”各声部协调有序，唱响未来。

做教师的贴心"管家"

作为学校管理者，要努力帮助教师克服职业倦怠，保持高昂的工作热情。领导要了解教师的需求，潜心观察，正确对待，积极引导，创设条件，让教师的聪明才智在宽松、愉悦、和谐的工作环境中得到张扬，帮助教师找到自信和快乐，鼓励教师实现自我的人生价值，拥有健康幸福的人生，从而促进学校的长足发展。

一、以人为本，关注教师爱的需求

学校是教育人的一片净土，对教师、学生的管理都不能简单粗暴，要以人为本，讲究方式方法。小学教师的工作比较繁杂，许多教师从教一段时间后就会感到身心疲惫，工作热情减退，上课无精打采，对学生缺乏耐心，情绪抑郁。作为校长，要理解教师工作负担之重，构建和谐校园氛围，为教师提供一个宽松的工作环境，以减轻教师心理上的压力，为教师的身心健康做点实事。如定期组织教师参加体检，关注教师健康，弘扬教师职业的优越性；日常工作中，组织丰富多彩的文艺活动，增添校园乐趣，愉悦教师身心；与教师亲切交流，引导教师学会善待自己，注意科学起居、饮食，给自己减压、减负；提高教师待遇，帮助教师解决生活中的实际困难和后顾之忧。教师的幸福指数上升了，教书育人的积极性就会高涨，就会以健康的身体和良好的心态全身心地投入到本职工作中，更好地发挥自身潜能，使学校工作跃上新台阶。

二、宽容悦纳，尊重教师人格

作为领导，要把握好管理的“度”。既要严格要求，也要宽以待人。工作中要有宽容之心，就事论事，对人不苛求。管理工作中要宽容教师的错误和过失，理解教师，因势利导，帮助教师改正错误，把工作做好。领导要设身处地悦纳教师，以诚相待，以情感人，以理服人，对教师多一些理解，少一些指责。从小事关心教师，让教师感受到学校领导的贴心。例如：生日时的一张贺卡、病床前的一束鲜花，教师家有意外事件时的贴心帮助，都会给予教师以心灵慰藉，带给教师以人文关怀，使教师感受到人格的被尊重。另外，要让教师感受到拥有学校主人翁的情感体验。例如：可设立建议箱，虚心听取教师的建议，了解教师的想法，尊重并采纳教师的合理化建议，为学校决策提供依据。学校在处理重大问题或作出重大决策时，要召开教职工会议，听取教师意见，收集教师建议，努力使决策方案产生较强的认同感，确保决策方案顺利实施。教职工拥有了知情权，就会把学校当作真正的家，就会产生凝聚力，学校的发展就有了根本的保障。

三、搭建平台，激励教师实现自我价值

工作中，鼓励教师要有目标。教师职业是需要终身学习和发展的职业，教师面对的对象决定了教师必须与时俱进，不断更新教育理念和教育方法。领导要给教师搭建平台，例如：开展赛教、成果评选、专业技能展示等活动，促进教师的专业发展，满足教师自我实现的需求。在倡导教师终身学习的今天，读书能改变教师孤独、麻木、灰色的人生状态，读书既能拓宽教师的视野，又能提高教师的理论水平。

学校领导应充分认识读书在教师走向教育自觉中的作用，大力营造书香校园。苏霍姆林斯基曾说：“如果你想让教师的劳动能够给教师带来一些乐趣，使每天上课不至于变成一种单调乏味的义务，那你应当引导每位教师走上从事一些读书和研究的这条幸福的道路上来。”学校可以开展每人每学期读几本精品书、读几本经典杂志的读书活动；还可以开展朗读活动，鼓励教师用充满激情的朗读展示自己；还可以设立“教师专题论坛”，构建学习型团体，结合教学实践进行专题研究，以读促研、以研促教。

学校领导是为教师服务、为学生服务的人，要重人情，做表率。只有善待、合理满足教师的需求，激发教师的热情，教师才能干好工作。管理者要当好教师的贴心管家，以人为本，关注教师的身心发展，宽容悦纳教师，增强民主管理意识，全心全意为教师服务，创造和谐校园！

原载于《教师报》第 2535 期 2015 年 6 月 28 日

强化教学管理　促进内涵发展

在杨凌示范区、杨陵区两级教育部门的关心支持下，在全体教师的共同努力下，我校以“抓过程提质量、以反思促发展”为抓手，全面完成了前半学期的教学任务，薄弱学科教学成绩取得突破性提高，教学质量得到了全面提升，但同时也暴露出了一些问题。通过深入研读杨凌示范区质量分析大会领导讲话精神和杨陵区教育教学研究室《2017—2018 学年度第二学期素质教育质量检测分析》，我校今后还需在以下几方面予以强化：

一、树立责任意识

责任重于泰山，在学校教学管理中强调责任意识尤为重要。杨陵小学蒋寨校区全体同志要本着对教育事业负责、对教学效果负责、对每一个学生的未来负责、对学校的发展负责，同时也对自己负责的态度，热爱、敬重教育这份神圣的职业。

二、树立质量意识

“教育质量是学校的生命”，教育的质量取决于每位教师的教学质量。小学阶段是学生养成良好学习习惯和生活习惯的重要阶段。鉴于我们蒋寨校区留守儿童多的客观现实，我们必须抓好常规管理，一切从细处着手，勤跟多说，鼓起每一个学生学习的信心。每位教师必须精心备课，在这方面教研组长要承担起领头羊的责任，发挥集体备课的优势，认真分析，把握好所教学科各个知识点的“度”和作业的“量”。每位教师必须认真上好每节课，面批面改每一个学生的作业，耐心指导每一个学困生，让他们跟上集体的步伐。制定切实有效的策略，解决教学过程中的普遍问题。教育路上没有捷径，唯有一步一个脚印，脚踏实地，把平时工作做扎实，才有可能结出硕果。

三、树立危机意识

虽然我们蒋寨校区经过为期一年的努力，考试成绩稳中有升，但是面对我们不理想的生源质量，还有每个班级留守儿童多的现实问题，我们要想取得好成绩，唯一的出路就是把教学工作做扎实，把学生辅导做细致。正如“逆水行舟，不进则退”。在困难面前，聪明的人找方法，愚蠢的人找借口。强化教学常规，在备、讲、辅、批、考等各个环节上下功夫，扎扎实实地推进我们的教学。在教学质量问题上，身为学校管理者，我不但看结果，还关注每一个老师的过程管理；请老师们多找原因，少找借口。学校领导班子成员也要每天深入课堂一线，了解教师实际教学中存在的问题，通过听课、说课及时为教师的课堂把脉，通过作业检查反馈教学薄弱问题，及时发现管理和教学过程中的问题，用集体智慧解决问题。

四、树立学习意识

“问渠那得清如许，为有源头活水来。”首先，每一位老师都要多读书，并积极参加各种形式的培训。“学贵有思”，大家在学习中不断提高思想认识，在不断学习中自觉揣摩适合本学科和本班学生的教育方法。其次，要善于向身边的人学习，通过教研组评教评学活动，加强学科交流和沟通，达到年级组和同学科共同提高的目的。同学科教师评教评学，有利于青年教师长足发展，有利于青年教师在自己讲课、教育管理学生等方面学以致用，以弥补自己待人处事、与家长沟通交流等方面的不足，不断完善自我的同时，在工作中取得事半功倍的效果。

五、强化反思意识

教学之路上，不断反思有利于教师自我成长，深入细致的教学反思不但可以及时总结教学中成功的教学经验，还可以帮助我们回顾教学过程中的不足。教学反思能促使我们不断提高课堂教学水平，解决教学中的实际问题，提高教育质量，促进学生发展。坚持持之以恒的教学反思，还能促使自我专业发展，帮助我们迅速成为教学行家，促使我们尽快从普通走向优秀，从优秀走向卓越。会不会反思，是一名教师成长快慢的关键性因素。鼓励教师经常反思、深刻反思，将反思的结果付诸实践。建议每位教师坚持写教学随笔、教学反思，并在教研活动中予以分享。课没有最好，只有更好。立足三尺讲台认真教学，课后用心反思，耕耘教育一方净土。

六、强化学风建设

良好的班风和学风是教学质量的决定因素，每个班级要把班风、学风建设当成重要的任务来抓，在全校学生中形成爱学习、比学习的良好风气。学校每周开展红旗班评选，每月开展学习之星、纪律之星评选活动，通过树立榜样，确立标杆，让我们蒋寨校区形成班级管理有特色，学生进步有信心的良好局面。请各位老师对留守儿童和精准扶贫学生多一些关心和爱护，切实做到抓差，扶优，促中间。

七、总结与展望

蒋寨校区挂牌时间虽然不长，但是在区局领导和校本部的关心支持下，各项工作都有条不紊地进行着。新建的教学楼上学期投入使用，教室的讲台、一体机、桌凳、桌罩、窗帘、张贴栏等教学设施设备配备到位，办公室、休息室的桌椅、床品、空调也已安装到位。实施重大改建工程，把原教学楼改建成部室楼，各部室设备相继到位，图书室、音乐室、多功能教室、会议室、教工之家、手工创意室已经投入使用。

蒋寨校区校容校貌大变样，教育教学成绩跨越式提升。部分统考课程成绩超过杨小校本部平均分值，参与交流的李艳玲老师、张帅老师所带四、六年级语文课在全区质量检测中的名次大幅度提升，孟德老师所带的五年级语文课成绩也大幅度提升，超量完成局领导来检查工作时所定的任务——教学成绩至少提升三个名次。在学校管理中，我们秉承的工作理念是：引领不断发展的教师队伍，创建积极、上进的教师团队，建设自信、阳光的学生群体。教师有发展，学生才会有进步。

蒋寨校区校容、校貌的变化，大家尽收眼底。瞩目远望，我们的工作任务依然繁重，上级部门对于我们这所乡村小学寄予了高度的期望，留守儿童和单亲家庭儿童等特殊学生的管理对于我们而言也是挑战。在今后的教育教学中，我们要继续发扬吃苦奉献精神，不断创新工作思路和工作方法，确保圆满完成杨凌示范区和杨陵区教育局交给我们的各项任务，争取在学期末质量检测工作中再创佳绩。我相信，在咱们团结奋进的号角声中，我们的蒋寨校区一定会越来越好。

品读教育理论，提升自我修养

作家刘墉说：“你可以一辈子不登山，但你心中一定要有座山，它使你总往高处爬，它使你总有个奋斗的方向，它使你任何一刻抬起头都能看到自己的希望。”从事教学管理工作以来，我慢慢从教科室主任逐渐过渡到反思型的主管教学副校长。

无论是身为学校教科室主任，还是业务副校长，我都要求自身业务拔尖。勤于学习，善于钻研，课前精心备课，课后认真反思，不断总结积累课堂教学经验，我利用教研活动时间把自己的所思所获分享给全体教师。要求教师做到的，我首先做到。

为了不断提升自己的业务能力，我阅读了大量的教育理论专著，读宋运来先生编著的《什么是最有效的教学》一书，让我深深体会到如何进行反思性教学。教师需要掌握问课和品课艺术，“学贵有疑，小疑则小进、大疑则大进。”教师每上一节课每听一节课，都要以谦卑之心问课、品课。教师要养成问课、品课习惯，在不断问课中提升自己的教学智慧和课堂应变能力。

人常说：“当局者迷，旁观者清。”只有通过问学生、问同行、问专家，教师才能对自我课堂进行深度加工、深刻反思，进而改进教学手段，优化教学方法，提升教学水平。品课就是认真地听、观、评、议他人的课，在反思中借鉴他人之长，补己之短，进而改进自己的教学方法，提高自己课堂教学能力。

今年暑假，因为疫情影响不能外出，我静心阅读雷守学先生编著的《教师的人格理想》一书，该书为教师们的工作和生活提出了具体建议，给我们广大教师愉悦工作、幸福生活提供了指导性意见。教育需要有信仰的教师，教育需要怀揣教育梦想，满腔热情，热衷教书育人的好老师。教师要甘于清贫，静心工作，用校园的篱笆墙和教师职业道德编织属于自己心灵的一方净土。教师是人类灵魂的工程师，教师职业是一个充满诗意的工作，我们作为教师一定要诗意地栖居在教书育人的大舞台上。

回想刚参加工作时，我怀着满腔激情，每次上课时都微笑着走进教室，关爱着每一个学生，可是有时候学生并不买账，课堂上不配合我的教学，课堂纪律很不好，有悄悄说话的，有不听讲看课外书的，还有打瞌睡的。开始我以为自己的震慑力不够，于是开始拉着脸进教室，课堂上表情严肃，不遵守课堂纪律的现象慢慢减少了。

我积极和学校老教师沟通，经常去听同事们的课，听课后认真反思，不断改进自己的教学方法。我经常在学生放学后，对着空教室练习讲课，每节课都做到精心备课，结合本班学情反复推敲。随着时间的推移，教龄的增长，课堂教学经验日渐丰厚，我明白了课堂教学是一门综合艺术，不是一个简单的微笑或者一个严肃的表情就可以管控的。作为教师不但要具备深厚的专业知识，还要有驾驭课堂的能力以及与学生沟通的技巧。

在信息化时代的今天，教师要走进新课堂，转变自身角色，变知识的传授者为学生学习过程中的引导者、促进者、合作者。教师要课前下足功夫，熟悉教材、精心备课，优化课堂教学；教师要树立服务意识，做课堂上的金牌“店小二”，走近学生身边，参与学生的学习过程；教师要自觉问课、品课，拓宽课堂反馈和教学评价的渠道，努力实施“功夫在课外”的教育思想，树立以学生为主体的教育理念，表明主动合作的意愿，要力争在有效教学上有新突破。

教育仅有满腔热情是不够的，还必须有善于思考的大脑，以及高度的责任感和敬业态度。在教育的路上，我是一个行者，脸上带着笑容，心中充满阳光，我想只要怀着教育梦想，以宽阔的胸襟、迷人的书香、思考的大脑，掌握问课、品课艺术，就会让我们的教育之路越走越宽广。

原载于《陕西教育》2019 年第 3 期

为单亲孩子构建爱巢

班主任工作虽有规律可循，但教育对象是千差万别的。我们只有区别不同情况，进行全方位的立体思维，做到左思右想、三思而后行，才能找到打开每一把“锁”的“钥匙”，提高班级工作的有效率和成功率。下面我谈谈自己教育单亲孩子的经验和体会。

一、用微笑向单亲孩子传递亲人般的关切

由于家庭变故，单亲孩子一般性格比较孤僻、自卑、不合群，少言寡语，胆小怕事，逆反心理强，整天生活在一个封闭的“城堡”里。对于单亲孩子而言，微笑是有效沟通的法宝，它可以缩短老师和学生之间的心理距离，为彼此深入沟通与交往创造温馨和谐的氛围。作为班主任，要多体贴这一特殊群体的学生，用爱心和耐心感化他们，做他们的朋友。如：寒冷冬天的早晨，给他们递上一个热腾腾的烤红薯；他们生病时，给以温情的照顾；集体活动时，用微笑的眼神鼓励他们积极参与；下课时，友好地陪他们聊天、游戏……天长日久，教师对他们的关心和体贴，必然会赢得他们的尊敬、信赖和欢迎，笑容也会渐渐展现在他们的脸上，他们也就慢慢融入班集体这个大家庭，会主动为同学服务，为集体出力。

二、用宽容之心给单亲孩子一个重新开始的机会

张男（化名），一个顽皮而倔强的男孩子。正如他的名字，实在“难”教育。经常在课堂上故意嬉闹，课间打架生事不断，其他同学经常告他的状，科任教师常被他噎得摔书本。有一次，因为我批评了他，他竟然放了我车子的气。张男父亲脾气非常急躁，我如果告诉他孩子的实际情况，张男被一顿暴打是难免的。冷静下来后，我把张男请到办公室……我开始批改作业。一本又一本作业从我手头阅过，我一直没有批评他半句。张男实在沉不住气了：“老师，我错了，我不该放你车子的气，我知道你中午走回去的……”我抬起头故意说：“哦，修车人说我的车胎老化了跑慢气，这事不怪你。我是想让你参加运动会，不知道你愿意为咱们班争光不？”张男连连点头。运动会后，我表扬了他为集体争荣誉，他感觉自己脸上有了光彩。慢慢地课堂上他也安静了许多，课间也不再打架骂人了，偶尔还主动帮助同学。随着张男情绪的稳定，他学习也逐渐有了起色，毕业后升入中学，还经常回学校找我聊天，我的“忘记”过错，给了张男一次重新开始的机会。

教师的宽容之心能给学生创造重新开始的机会。所以，教师应该用宽厚的态度对待学生的错误，哪怕他的行为和语言严重侵犯了你。只有具备宽容之爱的教师才能当好班主任，才能教育好特殊学生。作为教师，要用宽容的态度营造爱的环境，“忘记”学生的劣迹，尽量用发现的眼光培养特殊学生的荣誉感，保护他们的尊严，在集体中树立他们的形象，拉近他们和集体的距离。教师要像父母一样关爱学生，让学生感受教师的人格魅力，让学生在爱的海洋里感受教师宽厚的爱。教师只有学会宽容，才能和学生建立一种和谐的师生关系，才能有机会找出“病根”，挖去“病根”，赢得学生的信任和理解，换得学生的进步和蜕变。

三、用因材施教的办法教育单亲孩子

单亲孩子因为家庭背景的不同，教育方法也各不相同。教师要针对每个单亲孩子的实际情况和个性特点因材施教。教师首先要深入实际，了解单亲孩子的形成原因和个性特点，用爱心和耐心教育每一个特殊学生。

对于父母离异，但是父母双方均能关心孩子成长的家庭，教师要耐心说服带孩子的一方，允许对方定期探望孩子，使孩子能经常感受到父母双方的关爱，从而像其他孩子一样正常享受亲情。

对于丧母或丧父的孩子，给予他集体的温暖，经常组织学生帮助他家打扫卫生，鼓励学生帮助他解决生活上的困难，激励他学习上不断进步。

对于父母离异后缺乏亲情的孩子，教师要关注细节，用持之以恒的真情感化他们，用日积月累的爱打动他们，用潜移默化的行为感召他们。

单亲孩子的教育，教师要关注他们的个性差异，针对不同的学生提供不同的教育策略，重视学生的心理辅导，更要把无声的关爱送到学生的心坎上，于点滴处用行动向他们传递真诚的爱意，真正为学生的成长和发展着想，帮助他们走出心灵的低谷，促进学生的情感和心理转变。教师在学习和生活中要积极创造条件，携手与每一个单亲孩子共同创造美好的未来。

教育是一门艺术，一个称职的班主任，不仅要有广博的文化知识，更要有全身心为学生服务的精神。我们要理解学生、关爱学生、信任学生、宽容学生，还要尊重学生。爱是教育的生命，教师要以爱育爱，要善于把特别的爱给予学生中的特殊群体，为他们构建爱的巢穴，打造特色教育的桥梁，促使学生群体的健康成长。

原载于《陕西教育》2010 年第 9 期

为网络“涂上”绿色

【摘　要】网络时代的今天，小学生也成为涉入网络的一支队伍，小学生分辨能力和自我约束能力较差，所以家长和老师极为头疼。作为班主任老师，要协同家长教育孩子正确对待网络，为网络“涂上”绿色，让网络成为孩子们生活和学习的好帮手。

【关键词】网络；分析；引导；齐抓共管

社会的发展促使班主任老师必须根据时代的发展和学生的个性特点做好学生的教育工作。步入网络化的今天，班主任老师要正确对待小学生的上网问题，不仅要“教”，更要“导”，端正家长和学生的网络态度，消除网络的负面影响，共同利用网络的优势，教育孩子有计划、有目的地上网，为网络“涂上”绿色。

我们班的学生张某，是个顽皮而倔强的男孩子，性格内向。父母离异后，他从西安转到我们班就读。上课不发言，而且心不在焉、哈欠连天，下课也不和同学玩，总是郁郁寡欢地坐在位子上发呆。经过多方了解，我才知道他晚上经常上网打游戏、聊天。他爸爸经常出差，姑姑管不住他，所以打游戏、聊天成瘾，根本没有心思学习。

张某的妈妈在西安工作，他开始只是和妈妈在网上进行感情交流，可是随着网友的增加，他竟然染上了很多坏毛病：抽烟、打架、惹是生非……他打起游戏来神采飞扬、手舞足蹈，完全变成了另一个自己。

我认真分析了张某的上网原因：一是缺少亲情。他在父母离异后，心理发生了变化，失去了和母亲朝夕相处的机会，感到缺失了母爱；父亲又经常出差，也没有给予孩子适当的情感交流，未婚的姑姑还没有带孩子的经验，只照顾了他的生活，却没有走进孩子的心灵，导致孩子孤独寂寞，所以在网上寻找精神寄托。二是缺少友情。他是新转来的学生，亲密朋友少。加之他性格内向，缺乏主动交友的勇气，因而情绪得不到适当的安慰和宣泄。三是小孩子自控能力差。年幼的他生性活泼，认知能力低下，加之网络知识贫乏，自我保护意识弱，所以不能控制上网时间，导致上网成瘾。

我认真分析了张某上网的原因后，决心和其爸爸沟通，共同引导孩子正确上网，让网络成为孩子学习、生活的好帮手。为此，我采取了以下措施：

一、关注孩子的兴趣和爱好

小学生的注意力与兴趣密切相关，他们都是丰富多彩的个体，都有自己的兴趣和爱好。因此，老师和家长在引导孩子上网时，切记避免只围绕学习谈，要善于发现孩子们的兴趣所在，根据他们的兴趣有意识引导他们往各自感兴趣的方面发展，淡化孩子玩游戏和聊天的意识，帮助他们走出网络成瘾这个迷阵。

二、介绍优秀教育网站给学生

对于小学生来说，互联网尽管是一个虚拟的空间，但它的方便、快捷、灵活等多种优点，给予了他们极大的遨游空间，如：坐在家中即可浏览众多网上图书馆丰富的图书收藏；几秒钟内，便可收到相隔万里的来信；通过 QQ、微信可以随时和同学交流，可以向老师讲出一些面对面不敢讲的话；在最短的时间内获得各地各种详细的、自己想知道的信息；可以自己或与他人共同进行网络游戏，以弥补现代家庭缺少玩伴和朋友的遗憾。但很多小学生上网都没有明确的目的，上网后随意浏览，花在游戏类网站上的时间占上网时间比例较大。所以，老师应注意引导学生选择上网内容，向学生推荐一些健康、文明、有益有趣的适合少年儿童进入的网站，如“中国青少年新世纪读书网”“蓝猫网站”“红泥巴村”“小学生王国”“小学生天地”“学生科技网”“童趣网”等，这些网站的内容都是教育专家、学者多年的研究成果，是一些健康、绿色的网站。老师和家长要鼓励他们利用教育网站寻找资源，进行自主学习，如对数学感兴趣的同学，可以让他们到网上搜集一些趣味数学题，和同学讨论、交流。对语文感兴趣的同学，可以让他们在网上欣赏佳作、搜集歇后语、名人名言……

三、建立温馨QQ群、微信群互相学习、互相监督

我为孩子们建立了六（四）班温馨 QQ 群和微信群。邀请孩子们加入该群，不仅使孩子感受到老师带给他们无处不在的亲切感和安全感，而且激发了孩子们创建美丽 QQ 空间和精美朋友圈的欲望。孩子们晚上完成作业后，既可以和同学、老师在线交流，又可以通过空间展示自己的创造能力，把精美的贺卡、优秀的习作和日记放到空间供大家浏览、评论，还可以把积累的好词好句发给同学们以便资源共享，共同提高学习成绩。在 QQ 群或微信群里，我经常和孩子讨论一些他们感兴趣的话题，孩子们个个兴致勃勃，我也愉快得像个大孩子。但是，我要求每天最晚的下线时间为 9 点，9 点一过，我就开始提醒，如果两次提醒还没有下线的，第二天将受到群内成员的“联合攻击”。有了大家的相互监督，基本没有违规的情况发生。

四、家校联手齐抓共管

鉴于张某爸爸的急躁脾气，我邀请他到学校共同研究孩子的教育问题。望着他无奈又无助的样子，我真诚地提出自己的教育建议。我告诉张某爸爸，孩子上网要采取引导的办法，而不可因噎废食禁止孩子上网。首先，接上网线，每天给孩子半个小时的上网时间，但前提是每天按时完成作业，而且是离睡觉时间尚早，并能严格遵守规定的上网时间。其次，和前妻做朋友，引导孩子和妈妈建立正常的母子感情，不能让孩子因为父母的分手而失去母爱。孩子还小，还需要母亲的关爱和照顾。无论在家还是外地，都不要疏于对孩子的管理，能够经常和孩子进行交流，做孩子的朋友。我还建议张某姑姑做孩子的好朋友，让他时刻感受到亲情友情就在身边，从而对生活充满希望。另外，帮助他培养学习兴趣，指导孩子把自己比较优秀的习作、日记发到博客、微信群或者 QQ 空间上，并认真欣赏孩子的习作，做出中肯的评价，使其有成就感，从而喜欢学习、热爱学习。

五、了解网络知识

建议家长学习电脑的基础知识，和孩子一起上网交流。这样家长在与孩子共同学习的过程中，不仅便于与孩子沟通、互助，也容易引导孩子进行网上学习，防止孩子浏览不健康的网页，进不健康的网站。只有这样才能有针对性地做好疏导工作，才能向孩子推荐健康、文明、有益有趣的网站，才能掌握孩子的网上心理及动向。正确看待网络，积极利用它好的一面，避免孩子接触网络不好的一面。

六、限制孩子的上网时间

家长要给孩子制定“规矩”，不仅从时段上限制，还要从时长上予以限制。可以允许孩子周末上网，小学生一般每天允许他上半个小时到一个小时就可以了。家长不要迁就孩子，应该经常鼓励或陪同孩子多参加其他活动，以转移注意力。

在我和张某爸爸以及孩子们的共同努力下，张某变得快乐、开朗起来，学习兴趣也逐渐浓郁，还经常主动为班级服务呢！作为班主任看到他的变化，我感到无比喜悦！网络时代，只要教育得法，巧妙地为网络“涂上”绿色，网络就会成为孩子们生活和学习的好帮手，就会为孩子们健康成长铺就康庄大道。

专家点评：

中小学生上网打游戏或聊天，可以说已经是一个社会问题，家长和学校都非常关注。案例中的张某遇到了一位懂教育学、懂心理学的好老师。她没有直接采取“戒网”的办法，而是采取和家长沟通，并借助集体的力量，从而引导、监督孩子正确上网，把孩子的注意力从游戏、聊天转移到学习上，让网络成为孩子们生活和学习的良师益友。

愉悦心境　快乐工作

——教师的职业倦怠探析

教师的工作性质要求教师必须身心健康，但事实上教师的身心健康现状不容乐观。每年有相当数量的教师，因身心疾病，不得不从教师岗位上退下来，还有相当数量的教师产生了职业倦怠心理，不愿意再从事教师工作。这不仅是教师本人及其家庭的不幸，也是社会的重大损失。

一、教师产生职业倦怠的原因

其一，社会方面。新的读书无用论使尊师重教的风尚淡化，教师地位也有待进一步提高。现代生活节奏的加快和教育改革的不断深入，造成教师的工作压力和心理压力越来越大。社会对教师职业的不公正评价，使教师缺乏职业成就感。

其二，学校方面。①超负荷的工作重压。教师从清晨进校门到晚上回家，始终处于紧张的劳动状态，需要备课、上课、批阅作业、辅导学生、班级管理、和学生谈心、家访、督促学生打扫卫生、个人研修等。超负荷的工作运转，影响了教师的身心健康。②学校管理与教师的自身发展相矛盾。教育事业的生存和发展必须依靠教师的敬业精神。随着教育体制的不断改革，学校管理越来越规范化、精细化，学校的常规管理和正常检查是为了提高教师的竞争意识，但是花样繁多的检查、评比让部分教师机械应付，无法全心全意教书育人，从而身心疲惫，产生职业倦息感。③晋级、职称评定、先进评选、考试排名，造成教师心理负担过重。

其三，家庭和个人方面。①家庭。家是教师生活的港湾。教师需要父母、爱人和子女对自己事业的支持和理解。如果家庭不和睦，夫妻感情不好，就会使教师产生职业厌倦情绪。②环境影响。中小学教师的教育对象年龄相对小，活泼好动，学校的嘈杂环境严重影响教师的听力系统，尤其是小学教师听力减退现象非常普遍。教师也是心脑血管病、肠胃病、颈椎病、腰椎病的高发人群。头痛、头晕、失眠等神经性疾病，易导致教师焦虑、抑郁、恐惧、脾气暴躁等。③复杂的人际关系让教师心力交瘁。教师要经常面对社会、领导、家长、同事、学生这些复杂的人际关系。家长把教育的责任推给学校，对教师工作的支持理解程度不够，还动辄有媒体给教师施加压力；现在学校独生子女和留守儿童越来越多，自私、任性、刁蛮，耐挫力极差，教师经常要跟踪教育“问题学生”，导致教师的工作量无形中加大许多。④教师自身承受能力较差。教师的心理素质不同，对待问题的看法也就不同。有的教师能始终保持“宠辱不惊”的心理状态；有的教师则工作上不思进取，生活上一塌糊涂，和领导对抗，对学生缺乏热情，整天怨天尤人，看不到光明和希望。

二、消除教师职业倦息的一些做法

教师一旦产生了职业倦息，就会厌恶学校，厌恶教育。教师有高昂的斗志，有饱满的情绪，有炽热的情怀才能干好教育这份事业。所以教师必须适时调整自己的心态，及时清除自己的心理垃圾，做一个健康、快乐、富有爱心和责任感的教师。

第一，树立尊师重教的风气，给教育者提供社会保障。很多年来，社会一直没有形成尊师重教的风气，教师是弱势群体中的一员。教育需要大环境的支持和配合，媒体要正面宣传教师的感人事迹，维护教师的利益，为教师创设一个宽松和谐的社会环境。进一步改善办学条件，减轻教师劳动的艰苦性和心理压力。提高教师的生活条件，解决教师的后顾之忧，让教师能心无旁骛地搞好教育教学工作。

第二，强化师德师风教育，增强教师的责任感。教师要自觉注意自身的师德修养，把教书育人作为自己义不容辞的职责，忠诚于党的教育事业，爱岗敬业。教师要自觉履行教育责任，实现自己的人生价值。

第三，实施人性化管理，增强教师的职业成就感。学校的智慧管理来源于学校领导的胸怀。教育管理者要从人性化角度出发，创设轻松快乐的工作环境，减轻教师的工作压力和心理压力；注意教师的劳动量要分配适量，竞争机制要合理；关心教职工的工作、生活和心理健康，满足教师实现自我价值的愿望。

第四，换位思考，散发闪光的人格魅力。宽容是教师的基本素质，也是教师与领导、家长、学生心灵沟通的桥梁。教师面对个别家长的无理取闹，要学会换位思考，并积极协调解决学生中的小矛盾，用我们高尚的人格魅力使双方家长心悦诚服地接受调解；要适时引导犯错误的学生和家长自觉地感悟教师的良苦用心，感悟教师教育过程中的真诚和爱心。

第五，教师要学会自我调节，用积极的暗示消解消极情绪。人生活在一定的自然环境和社会环境之中，自然就会遇到很多不良因素。但是，面对不良因素我们可以选择积极的人生态度。在教师个人成长的过程中，负面经验代表的只是挑战，失败是给成功积淀经验。教学比赛失利，只能说明人上有人；考试排名落在最后，说明自己教法上还有欠缺之处；家长的告状、领导的批评都是给成长中的自己以警示。

人的心理和身体一样，可以通过不断的学习和锻炼变得更健康、更坚强。教师要善于总结教育教学中的得与失，用积极的心态、乐观的情绪对待工作和生活。教师积极向上的心态直接会影响学生的精神风貌。教师要坦然面对挫折与失败，既要避免给别人压力，也要学会给自己减压，做到既不妄自菲薄，也不自恃高傲。教师要多和身边的人交流，学会倾诉自己的压力。其实很多压力都来源于自己的心理。自然环境和人际关系本身并没有好坏之分，好坏之分是由我们内心产生的。工作中教师要扬长避短，在自己的强项上努力更容易获得职业成就感，同时把注意力转向自身之外的人和事，不要急功近利，把“我要得到什么”的思想转化为“我能给予什么”，学会放下自我，才能活得轻松愉悦。

“沉舟侧畔千帆过，病树前头万木春。”没有人愿意成为“沉舟”“病树”。愿我们的教师消除职业倦怠，成为具有快乐意识的人——能自我快乐，也能为他人创造快乐，以健康的身体、积极热情的心态面对生活，面对工作，面对学生。微笑着走过每一天，带着希望和梦想，引领孩子们感受生活的美好和生命的精彩！

原载于《教师报》第2032期2012年4月22日

真诚拥抱每一个天使

【摘　要】孩子是上帝恩赐给每一个家庭的天使，教师要真诚拥抱每一个天使般的孩子。教育教学过程中，教师要引导学生懂得并珍惜教师的爱。多年的班主任工作经验，我总结出三点体会：真诚赏识每一位学生；以宽容之心感化学生；多一些偏爱给学困生。

【关键词】赞美；赏识；宽容；偏爱

师爱就像阳光一样温暖着每一个学生。窦桂梅老师说过："哪怕天底下所有的人都看不起你的学生，教师也要眼含热泪欣赏、拥抱、赞美他们。"教师要如爱心使者一样，特别是班主任老师，要用坦荡的胸怀去认同、信任、激励我们的每一位学生。老师要给予学生纯朴、真挚的爱，并要让学生感受到我们的爱，学会用行动回报老师和家长。只有让学生懂得老师的爱心，孩子们才会产生稳定、愉悦的情绪，并接纳我们的建议或批评，接受我们的教育思想，产生积极向上的愿望，从而改善自己的行为，达到"亲其师，信其道"，最终达到"不教而教"的目的。

一、发现其优点，赏识每一位学生

赏识不但可以激发人的灵感和创造力，还能调动人的积极性，增强班集体的凝聚力。人人都渴望得到赏识，学生更是如此。每次接到一个新班，我都平等地对待每一个学生，无论他们以前成绩好坏，无论他们的家庭情况如何。第一次召开班会时，我都会这样说："无论你们以前怎么样，老师相信今天和今后的你们一定会更好！你们要努力做更好的自己！你们是上帝送给家长的天使，感谢你们的家长对李老师的信任。你们可以成绩平平，可以没有特长，但是每个人必须有理想、有目标。身为学生，首先要爱惜身体、珍惜生命，不能忘记自己的本分——学习，生活中要与人为善、学会感恩，与同学相处要学会包容，多一些换位思考，记得传递快乐，还要学会增强耐挫力，在学校和家庭都要热爱劳动。你们必须做积极进取的好孩子，只要你们人人身上都有闪光点，人人每天都有进步，我们的班集体就一定会越来越好。"

那年我刚接手的四年级四班是学校出名的差、乱班，这个班留守儿童和单亲家庭孩子较多，孩子们无人监管，生活、学习习惯很差，学习成绩在四年级六个平行班中不仅名次靠后，而且分差还很大。学校领导给我做工作"这样的班总得有人带"，作为省级教学能手，我不带还能推给谁？接替班主任后，我仔细观察每一个孩子，慢慢发现每个孩子的优点和缺点，每天写班务日志，在班会课、队会课以及课堂上适时表扬孩子们，放大班里特殊学生的优点。开学第一个月基本坚守教室，像警察一样随时监督那些调皮捣蛋的学生，每次发现他们有动机时，我就用目光、动作及时制止他们。在我的无声语言提示下，学生就不好意思再犯错误。多年的班主任工作经验告诉我，孩子们也是有脸面的小大人，因为我的赏识教育，大半学期下来，四年级四班的班风、学风明显大有好转。

良好的开端是成功的一半。我在深入了解了本班同学的共性问题和每个人的个性特点之后，坚持因材施教，有的放矢，既对共性问题进行深入的启发引导，又对每个学生的个性特点深入分析，凭借自己的工作经验和孩子们的个性特点有针对性地进行教育。日久天长，学生们身上的闪光点慢慢被激发出来。有的同学爱惜集体荣誉，有的同学关心学习有困难的学生，有的同学是非分明、富有正义感，有的尊老爱幼，有的劳动积极。看到这些变化，我在班里开展星级评比活动，诸如“文明之星”“学习之星”“纪律之星”“卫生之星”“友爱之星”等。课堂上对那些思维活跃的同学，我就竖起大拇指夸赞他们，给予他们“小小思想家”“最佳朗读者”的称号。

只要和孩子们在一起，我都无比真诚，对每个学生的赏识和表扬我都具体化，让他们深深感受到老师对他们细微之处的关注。我尊重、爱护每一个学生。学生得到激励与鼓舞，久而久之他们不再畏惧我，而是主动接近我，接受我的教育方式，还主动配合我的工作。学校组织冬季拔河比赛时，我先在教室对学生进行赛前总动员，要求他们齐心协力、全力以赴、坚持到底。鼓舞“士气”时，我要求全班同学拔河时看我手势，听我的指挥号令再群体发力。拔河比赛时，我们男女生搭配开，人与人之间间隔一致，裁判员哨声吹响的同时，我挥动手中的小红旗，喊“一二、一二、一二”，一鼓作气之下，我们三局都是速战速决，赢得年级第一名。孩子们兴奋地欢呼雀跃，激动的泪水在他们脸颊上滚动，我成了他们环绕的圆心，因为这是小学四年来他们第一次得第一。那天我给孩子们的奖励是，不留书面作业，网络查阅“三个‘人心齐、泰山移’相关事例，简要概括后在班级群分享自我感受”，旨在借着拔河比赛，教育学生要有班级凝聚力，做事要尽心竭力，不到最后一刻决不放弃。随着时间的推移，我们师生关系越来越融洽，我们的优良班风、学风已经形成。

二、以宽容之心，感化学生心灵

小学生自制力差，犯错误是常有的事情。对于学生所犯的错误，我给予他们更多的是宽容而不是严惩；教育时给予他们更多的是疏导而不是堵塞；发现问题时，每次给学生限定改错、纠错时间，并跟踪、督促其限时改正。

教育过程中，教师既要有教育智慧，又要有宽广胸怀，特别是对每一个孩子要投以极大的耐心和爱心。犯错误的学生也会在老师期待的目光中改正错误，慢慢规范自己的行为。有一天早上，我刚进学校大门，值班老师就跑来对我说："李老师，我巡查楼道时，看到你们班几个学生在扫玻璃渣子，教室的玻璃门已经不见踪影了。"听了同事的话，我三步并作两步跑到四楼教室，前门只剩下框架，整个玻璃门已经荡然无存。我扫视一眼教室，大部分学生都在读书，第一组两个调皮蛋偷着看我的表情。我强装镇静又在教室走了一圈，仔细查看了每一个学生，没有一个受伤的，这下心中的石头落了地，胸中的怒火也消除了许多。我走到班长跟前问事情的原委。原来是早晨到校后，值日生张梅（化名）拿着笤帚正出门，我班"调皮大王"闫迪（化名）正好进门，他一看张梅就故意搞怪扭摆屁股，张梅一向比较腼腆，就开始躲闪他，闫迪身子碰到门，门又反弹到墙上，玻璃瞬间被震碎了。班长给我讲述事情经过时，张梅一直低着头涨红了脸，闫迪扑腾着一双大眼睛，一直盯着我。了解了事情的原委，我走向闫迪的座位，他赶紧站起来，搓着双手，局促不安地等着我的"暴风骤雨"。我摸摸他的头，又让他转了一圈，关切地问他："碰疼了吧？身上真没有受伤吗？"他的脸更红了，支支吾吾地说："没有，老师……李老师，我是跟张梅闹着玩，我错了……门……门……我来赔。"我平静地对他说，也是对全班同学说："你们都好着就行，玩闹时要选安全的地方，玻璃碎了可以再换一块，老师是担心碎玻璃伤着你们，这次没事算是咱们的侥幸，下次可不能这样了。"我讲话时，闫迪一直低着头抹眼泪。等我说完，一向倔强、顽皮的他站起来说道："老师，我错了！我下午让我爸爸重新给咱们班安上门，不会有下一次了。”看着这个超级“硬石头”男孩子服了软，我赶紧说：“你先回座位上去吧！门，李老师联系学校后勤负责安装。但是你必须给张梅同学道歉，以后绝不允许在进出教室门的时候拥挤、推搡。”午休时，后勤李主任已经帮我们教室安好了玻璃门，我午自习到教室巡查时，教室里鸦雀无声，我走到第二排仔细看了闫迪的作业，他作业本上的字又整齐又规范。他把一张小纸条悄悄塞进我手里，我不动声色在教室转了一圈，上课铃声中，我跟来上科学的吴老师打声招呼，走向办公室。我打开小纸条，上边写着：“李老师，谢谢您的宽容，谢谢您没有叫我家长，以后我保证好好的。”

玻璃门事件之后，闫迪像变了个人，上课听讲专心了，作业认真了，跟同学也不闹矛盾了。张梅这个腼腆内秀的女孩子，在我的鼓励之下，元旦班级文艺汇演时表演了古筝。小学生自制力差，经常犯些小毛病，其实他们很多错误都是无心之举，因此，作为老师一定要学会用宽容之心对待学生，不要揪住学生的“小辫”，要给他们机会改正错误，逐渐感化学生心灵。

三、真诚友善，多一些偏爱给学困生

所谓偏爱，就像农民对弱苗那样，多一点保护，多一点浇灌，使弱苗在精心照顾之下跟上庄稼的生长速度。学困生多数都很自卑，往往善于从同学甚至老师的眼中看到大家对自己的定格，不自觉地为自己建立起一堵“围墙”，把自己包裹起来，他们非常敏感，像刺猬一样时刻保持警惕。身为班主任老师，要以真诚友善的态度，温暖他们，让他们感受到老师的偏爱之心，慢慢软化他们周身的“刺”，让他们感受到集体的温暖。老师有责任、有义务帮助这些更渴望关爱的学困生群体。在学习过程中，老师要分层对待，降低要求，帮助他们建立自信。集体活动时，给他们创造机会展示最佳自我，让他们感受到自身在班级的存在感、荣誉感。我们班的梁晓晓（化名）同学学习成绩一直比较差，对学习失去了信心。我不断尝试用多种方式鼓励他，上课给他表现的机会，把最简单的问题留给他，作业评语中经常用真诚的话语鼓励他，课下和他谈心并帮他从最基础的知识补起。久而久之，他学习有了进步，脸上有了笑容，课堂上也敢举手回答问题了，曾经独来独往的他，上下学也和同学们一路相随，融入到集体的怀抱，还积极主动为班集体服务。

班主任工作极其琐碎，学生管理工作是常态化研修课题，永无止境、常做常新。班主任的责任和义务就是用真诚友善的态度，用宽容之心感化学生心灵，帮助那些最需要关注的特殊学生找回自信，让他们感受到集体的温暖。班主任在施教过程中，关注并赏识每一个孩子，用爱心拥抱每一个家长的天使，帮助他们树立目标，鼓起他们人生的风帆顺利航行。

把诚挚的爱留给孩子

——浅谈家庭的“尊重教育”

孩子是父母爱的结晶，在孩子成长过程中，父母给予了他们千般深情、万般爱意。那么，在家庭教育中，哪里最需要父母的智慧、心血和教育艺术呢？我认为是在家庭教育中培养和维护家庭成员之间的爱与相互尊重，因为这种爱是力量、鼓舞和幸福的源泉。

作为父母，不论我们在社会中是领导着别人还是被别人领导，孩子的教育终究是父母的责任。要很好地担负起这个职责有许多的学问，为人之父母一定要慎重从事，否则不经意间你就成为抹杀“天才”的刽子手。父母要给予孩子正确的爱，如果一个刚刚还给孩子以抚爱的母亲，一会儿就因孩子打碎了茶杯，或者弄脏了衣服而大声责备，那么，她真的是在疼爱孩子吗？这种疼爱有丝毫的对孩子人格的尊重吗？当孩子看到母亲生气的脸庞，听到她严厉的话语，他还会保持对母亲的良好感情吗？有时，当孩子犯了一点错误，父母就过分地打击他们的自尊心，甚至当着朋友的面训斥他们。诚然，父母对子女费尽心思地疼、爱、管教，其出发点是好的，但由于很多家长不懂孩子心理，不会正确的教育方法，往往只会导致孩子对父母的“教诲”更为反感，对父母的依恋、尊重的情感也日渐消失，从而两代人之间的代沟也越来越深。

一、父母应该营造一种安逸、温馨、和谐的氛围

良好的家庭环境对孩子的成长有着激励性和导向性的作用。所有家庭成员之间都要相互信任、彼此尊重、相互帮助、彼此理解。作为父母要放下家长的架子，与孩子平等相处，多听取他们的意见，和他们民主、平等地商量问题，不要只说“你知道个啥，就照我的主意办，没错”。日常生活中要和孩子多交流，当他们的知心朋友，真真正正走进孩子的生活和学习之中。父母要关心孩子的成长，洞察孩子的内心世界，做他们行为的指导者而不是干涉者；鼓励和称赞孩子正义的行为，发扬他们的优良品质，尊重他们的选择，培养他们的自信心。大人对孩子从小就要严格要求，但不能过急、过高。我们要允许孩子犯错误，人的成长，有许多事情都是从错误中学来的，孩子做错了事，大人讲清道理，使他们得到教训，以后不再重犯，这就达到了目的。但是批评教育时，一定要掌握时间、地点和方法，不能乱发脾气，更不能用打骂体罚的办法，事实证明打骂的结果，只能引起他们的对抗情绪，与家长闹对立甚至出逃。家长应该耐心从思想上多开导，要讲明其错在何处，怎样改正。要对其动之以情，晓之以理，导之以行。孩子犯了错误，父母要以宽容之心来对待，注意在教育的同时，维护孩子的自尊心，也不要随意对外人或者亲友去谈，给他反思的时间和悔改的余地，以宽广的胸怀和无穷的智慧帮助他改正缺点。当孩子与父母交谈，父母发现孩子有不良的思想倾向出现时，则要科学引导、循循善诱、以理服人，帮助他们树立正确的人生观。

二、要激励教育，发挥孩子的潜能

父母要尊重孩子的人格，关注家里每个人的价值，努力帮助孩子找到成功的方法。对孩子既要严格要求，又要有一定的让他们自我发

展的余地；张扬孩子的个性，让孩子在肯定中发展；要信任他们，鼓励他们做自己力所能及的事情，并要多指点些具体的做法和应注意的问题，在孩子兴致盎然地投入“工作”时，不要怕累坏了孩子，要激励他们在做的过程中学到知识，锻炼他们的实际本领。父母还要善于发现孩子的优点，帮助他们选准自己发展的突破口，千方百计满足他们实现自我价值的需要。孩子有进步、有提高，要多鼓励他们，但是不能经常采用物质和金钱奖励。应该多采用言语和行动上的鼓励，如：语言上赞扬“你真是个能干的孩子”“我很为你的杰作自豪”“今天你表现非常出色”；行动上可采取一家人一起外出游玩或者娱乐，既增长了见识，又激励了孩子，还活跃了家庭生活。对于孩子的特长和爱好，要善于引导，大力支持，不能冷漠相待，要发挥他们的才智，提高他们的实际操作能力。孩子是在各个阶段的各种“梦想”中成长的。作为父母要永远鼓励孩子有属于自己的梦想，并努力帮助他们去实现自己的梦想。我们都知道爱迪生的故事。爱迪生既是发明家又是梦想家，他的脑子里装满了奇思异想，小时侯老爱问“为什么”。他妈妈认为好奇和梦想是打开知识宝库的万能钥匙，所以每当爱迪生问她为什么时，她总是细心开导他，把其中的道理讲给他听。爱迪生对奇异世界的梦想和他妈妈超人的耐心是他一生事业成功的重要因素。所以，父母要在孩子的心田播种梦想的种子，倾听孩子的梦想、狂想，与孩子共同分享梦中的境界，激励他们为梦想的实现而努力。父母还要及时发现孩子的优势和特点，并着力总结、推广孩子的经验，让他们感受到父母对自己的关心，体验到成功的乐趣。

三、培养孩子的主动性和自律能力

父母要信任孩子，让他们参与家庭劳动、家庭管理，培养其主人翁精神，要经常征求孩子对搞好家庭建设的意见并力争实现，激发他们为父母、为家庭着想的积极性。教育孩子要从小学会管理自己，养成自己的事自己做，自己的衣物、用品自己管的习惯，不能胡堆乱放。孩子能做的事，要让他们亲自动手去做，如扫地、拖地、倒垃圾、整理房间、收拾学习用品等，让孩子在劳动中感受生活的艰难与不易，体验劳动后的快乐，培养爱劳动的习惯，不让父母代劳，不事事依赖别人，使孩子把学习、劳动当作自己的事情快乐地去做。父母要培养孩子遵纪守法、自尊自爱、认真负责的好品质，在劳动和学习中不能敷衍了事，更不能侥幸偷懒。让孩子成为控制自己学习的主人，培养其自我规划、自我约束、自我管理的能力；让他们成为自己生活的主人，自我设计，自我创造。

教育孩子是关系到国家的生存和发展的大问题，父母是孩子的第一任老师，父母的言行对子女影响极为深刻。所以，父母之间也应该互敬互爱、相互尊重，做孩子生活和学习的典范，做到自爱、自重、自律、自信、自强。让孩子在挚爱真情中愉快地成长，感受到与父母相处的舒心、与父母谈话的爽心和与父母共处的放心，把健康、自由、独立留给孩子，这样才不失为一个家庭的成功教育。因为情感教育、尊重教育比 100 分教育更为重要。

学困生精准点评教育策略

【提　要】教育教学过程中，教师的精准点评对于学生成长有着不可估量的作用，尤其对于学困生，教师的有效点评，能帮助他们树立自信，帮助他们很快融入班集体的怀抱，有效提升学困生的进取心，鼓起他们生活、学习的勇气。教师通过捆绑式点评、比较式点评、示范式点评、激励式点评、对比式点评，促使学困生跟上集体的步伐，达到全班学生共同进步的目的。

【关键词】点评；帮助；学困生

在教育教学中，我们会遇到形形色色的学困生，针对非智力型的懒散型学困生，我们要推行"学习路上见行动"的精准点评举措，利用班会、晨会、队会，在小组内和班级内，通过看一看、说一说、比一比、晒一晒等方式，老师、家长、班干部一起给学困生会诊，诊断其学困的主观原因和客观原因。通过走访家庭、教师个别谈话、小组跟进学困生等方法，使学困生红红脸、出出汗、坐不住、站不直，激发学困生的内在学习动力。

一、捆绑式点评，帮助学困生勤起来

将帮扶学生、班干部和学困生"捆绑"起来一同点评。在班内组成帮扶小组，让帮扶学生、班干部和学困生一起向班里的学习标兵和学优生学习。鼓励学生向本班品学兼优的学生学习，提倡优等生和学困生交朋友，主动结对子一起学习，一起游戏，一起锻炼，建立深厚友情，让他们在学校成为生活和学习的亲密“战友”。教师每次点评时按小组点评，增强每个帮扶小组的集体荣誉感，让学困生感到自己并不孤单，而是有人管、有人帮、有人爱，让他们在优秀学生和小组成员的带动下，在耳濡目染中慢慢消除懒散毛病，以实际行动回报小组成员对自己的关爱和帮助。通过大环境帮助学困生热爱集体，树立信心，增强学习积极主动性。

二、比较式点评，促使优等生和学困生一起成长

每次集体活动后，教师在帮扶优等生和班干部之间进行横向比较式点评。结合具体事例比较各小组帮扶的方法和效果，点评帮扶的优等生和班干部的长处和不足，激发帮扶优等生和班干部的责任感，促使各帮扶小组形成团队意识，集体发力，想方设法鼓励结对子优秀生和学困生携手共进，实现优等生和班干部形成“我要帮学困生进步”“我愿意主动帮扶同学”的思想，帮助学困生形成“我要用行动跟上集体步伐”的意识。一个班集体只要“我要帮”和“我要学”同频共振，就一定能达到共同提升的效果。

三、示范式点评，鼓励学困生积极主动学习

借助班会、队会、早自习、午自习，采用优等生上讲台讲学法、班干部讲做法、老师讲方法等多种形式，给学困生教学习方法。帮助他们制订时间表，确立目标任务，在小组内树立学习榜样，帮助学困生采取近距离目标追赶法，鼓励他们慢慢进步，体验学有所获的乐趣。激励学困生积极主动向学霸、小组长或者自己设定的“标杆”看齐，用行动的结果缩小自己与榜样和“标杆”的差距。同时，教师引导优

等生将学习资源与学困生共同分享，分享生活所得，分享学习方法，用实际行动带动学困生爱学习、勤学习、主动学习，帮助学困生从内心热爱集体，热爱学习。

四、激励式点评，激发学困生自立自强

班主任老师在班内建立红榜和黑榜，每个月组织一次互帮互学“优秀小组”评选活动，红榜重点宣传进步大的小组和学困生名单，班会颁发荣誉证和小奖品，在班内弘扬“比、学、赶、超”的正能量。黑榜重点曝光思想转变不大、纪律性不强的个别学生，让其脸红心跳，帮助他们明确自身问题，老师和同学们共同开具改正方法，并监督其限时改正。学期末评选优秀班干部、文明之星、礼仪之星、进步之星、爱心之星等。通过点评帮扶，彻底改变学困生拖沓懒散的坏毛病，让学困生自立自强，明确目标，迎头赶上。

五、对比式点评，鞭策学困生不断提高

按月进行对比式点评，月总结时将勤和懒、好和差放在一起，进行横向对比，激励学困生自我加压，主动学习，端正学习态度，养成良好学习习惯。将优秀生和学困生进行纵向对比，使学困生明确与优秀生的差距，引导学困生在横向和纵向对比中明确学习目标，主动靠近优秀生，学习优秀生的学习态度和学习方法。再将优秀帮扶小组和进步慢的小组进行对比式点评，找出小组间的差距，引导各小组增强集体凝聚力，团结向上，从而形成良好的班风和学风。

精诚团结是一个班级的灵魂，也是帮助学困生克服困难积极向上的有力武器。对于学困生，我们严格管理，不歧视，少批评，多关爱，不断跟进，用爱心、耐心、真心，以人本化教育情怀来感化每一个学困生。文学是人学，教育学也是人学，我们老师不是教语文的，也不

是教数学的，我们是教学生学语文或学数学的。学生学习的最佳状态不是被动的，更不是被迫的，而是渴望学习、快乐学习。因此，我们教师通过上述五式有效点评，鼓励学困生树立信心，有勇气改变自我。老师和同学们接纳、帮助学困生，让他们从思想上乐于学习，从行动上勤于学习。

学困生是“带病”的花朵，更需要我们这些“园丁”精心“栽培”，学困生的转化和教育是一个长期复杂的过程，需要社会、学校、教师、家长、同学鼎力合作，密切配合，共同关爱学困生，尊重他们的人格，保护他们的自尊心，帮助他们树立自信心，创造契机，促使学困生走积极向上的人生之路。

良好心理素质——孩子走向成功的保证

现在的孩子拥有社会的关爱，拥有父母的亲情。在家里，他们有爷爷、奶奶的悉心呵护；在学校，他们有老师的处处关照。作为家长，大家都希望自己的孩子天天快乐，永远幸福，哪怕自己再苦再累，都会不惜一切代价满足孩子各个方面的要求。孩子们天天生活在蜜罐中，时不时还会享受到电子媒体带来的欢欣与乐趣。身为“小皇帝”的一代独生子女在生活中该拥有的，他们似乎都有了。那么，现在的孩子缺少什么呢？就笔者来看，他们缺少的是良好的心理素质，缺少的是承受挫折与不幸的能力。

请大家都来看看自己身边的孩子吧：因考试失败自杀的学生有之；因父母打骂服毒的孩子有之；因老师批评逃学者有之；与同学发生口角自残者有之。据笔者调查，生活水准越高、处境越好的孩子，其心理承受能力越差。在我国，人们的教育观念有一定的偏差，作为家长，他们往往只重视了孩子物质上的丰足，而忽略了他们心理健康的培养。作为教师，应试教育的“指挥棒”使他们朝着提高升学率的方向奋力拼搏，学生良好心理素质的培养问题也只能束之高阁。

我们知道，在成功的道路上，良好的心理素质是走向成功必备的条件。如果要把孩子培养成一个有才能的人，就要从孩子心理素质的培养做起。对于成长中的孩子，我们要给予他们正确的爱，而不是一味的娇惯、放纵。未来的社会，时时处处都充满着竞争，“优胜劣汰”是生存的法则。所以，为了孩子和祖国的未来，无论家庭条件多么优越，让孩子受受苦，总是好事情。沙漠中的跋涉者才能感受到水的甜美，大海中的溺水者才会体会到生命的珍贵。一个孩子，如果在人生的道路上没经受过困难和挫折，他就永远品味不到成功的喜悦。温室里的花朵经受不了严寒的考验，我们一手护大的孩子见了困难只能望而生畏，遇到挫折首先想到的是找父母而不是自己如何去面对。人常说：“梅花香自苦寒来，宝剑锋从磨砺出。”历史上没有成就大事业的纨绔子弟。那么身为家长的我们，也不必一味地为孩子创造优越的生活环境，不妨“狠”下一条心，让孩子经受一些挫折与困难的考验，让孩子学会在黑暗中看到光明。善于运用一些教育艺术，把对孩子广博的爱“藏”起一半，从小教给孩子自立、自信、自强的本领。

身为父母，如果一味地满足孩子的要求，孩子就会变得自私、任性、目中无人，还常常把自己的意志凌驾于家长之上，有的孩子在私欲不能满足时甚至威胁父母。这样的孩子一旦遭受挫折，不但自己无所适从，而且还会连累家长处处作难。他们人生的道路也会越走越窄，甚至早早地给自己的人生画上一个句号。

人们都知道，苦难是人生成功道路上的一块垫脚石，在孩子的日常生活、学习中，家长不妨“大意”一点，“懒散”一点，让孩子们经受一些风吹雨淋。例如：让他们经历一次考试的失败，遭受一次同伴打闹的不快，任老师予以严厉的批评，让孩子亲身体会一下家务的繁杂以及做饭的不容易。如此良苦用心教育出来的孩子肯定会成就大业，因为他们具有良好的心理承受能力，因为他们曾品尝过成功的喜悦，也经受过挫折的考验。

在新世纪的人才培养中，心理素质教育这个话题已被越来越多的教育家及家长所重视，现代的孩子亟需加强耐挫力的培养。目前，中国的教育还处于发展阶段，但中国孩子的数量居世界第一，中国的教育会影响到未来全世界的发展。因此，我国的家庭教育模式、学校教育体制必须走出误区，尽快把素质教育落到实处，把孩子们真真正正培养成一个个身心都健康发展的建设者和接班人，从而推动全社会的进步，全人类的发展！

以问题为导向　用创新破难题

全面推进以培养创造精神和动手能力为核心的素质教育是我国基础教育改革的主旋律。我们提倡“素质教育”，力求培养全面发展的创新、发展型人才。艺术教育的最终目的就是培养具有审美意识、审美能力、艺术表现能力以及创新意识和创造能力的人。因此，在中小学教育中，我们必须重视音乐、美术教学。

一、乡村学校音乐、美术课存在的问题

大家都知道，健康向上的文艺生活能陶冶人的情操，美化人的心灵，给人以美的享受。笔者深入陕西省部分中小学校进行调研，发现由于种种原因，部分农村学校没有条件对学生进行音乐、美术教学——小学还能听到歌唱声，初、高中基本处于“静悄悄”的状态。笔者通过和外省教研员深入交流，结合陕西省开展的中小学艺术课堂调查问卷结果，发现目前农村中小学音乐、美术教学普遍存在以下几个问题:

（一）音乐、美术课的位置问题

历年来，社会上盛行“中考加高考，分数是个宝”的观点，加之教育行政部门、学校领导、教师、学生、家长乃至整个社会没有高度重视音乐、美术教学，把音美课视为“搭头”，即教学生“玩乐”的、主科的“调剂品”。课程位置决定学科教师的位置，可以想见音美课

教师与语数理化教师在学校的地位差别。农村学校的家长们望子成龙心切，哪里愿意让学生在“唱歌”和“画画”方面消磨时间。把孩子们置身于“山”一样的作业、课本、参考资料中，那才是“正经”事。他们根本不知道，音乐和唱歌，美术和画画是不能用等号来连接的。他们更不会懂得音乐、美术教育是孩子心灵健康发展的不可缺少的元素，是人类必不可缺的文化。

（二）音乐、美术教育的师资问题

专业师资短缺是导致农村学校音乐、美术教学无法正常开展的根本原因。近年来，陕西省城区学校基本能保证正常开足开齐音乐、美术课程，但是农村学校的师资力量严重短缺。音乐、美术这些艺术学科的专职教师多集中在大、中城市学校，小城镇和农村中小学几乎没有专职的音乐、美术教师，农村学校的音乐、美术课多由语数英教师兼职，而这些教师根本不能胜任艺术学科的教学，导致音乐、美术教学流于形式。上课前，孩子们所唱的歌曲多是来自于电视、网络、抖音上的网红歌曲。听到这样的歌曲在学校传唱，身为教师的我们内心酸楚，然而却无力改变现状。

笔者通过调研发现，农村的孩子们把简谱当数字读，把五线谱说成“这么多豆芽”。再看孩子们的美术作业，画得看起来很像，但缺乏创造力。传统教育束缚了孩子们的创造力。所以，我们必须改变现状，给孩子插上想象和创新的翅膀。

（三）农村学校经费有限

教育事业迅速发展，财政拨款只能保证人头经费。由于进城务工人员迅猛增长，导致乡村学校生源严重流失。乡村学校学生人数减少，政府依据学生数量的拨款数额也相应减少，而乡村学校没有企业捐助，更没有创收项目，部分学校的办公经费都得不到保障。数学、英语教具非常有限，科学、综合课所需教具无法实现，教师授课时只能基于教材“依葫芦画瓢”式口头描述，对音乐、美术的教学设备投资更是微乎其微。部分农村中小学美术教师的教学用具还只限于一盒彩色的粉笔、一本课本。水粉颜料、水彩颜料、教学用纸还是教师为了便于教学自费购置。

农村中小学教师生活压力大，还要在微薄的薪水中，挤了又挤地用于教学。偏远地区的音乐教师，教具还是年代已久的电子琴，或一把能拉响的二胡，一支经济实用的竹笛。由于农村孩子们生活比较单一，他们特别喜欢音乐、美术课，就算上课前帮老师抬琴再苦再累，同学们也都乐于去干。条件好点的小城镇学校，虽然配备了钢琴，但是专职音乐老师太少，钢琴的使用频率也不高。

（四）大环境对音乐、美术课的影响

社会、家庭、学校等外界环境直接影响着音乐、美术教育的发展，农村学校与城镇学校有明显的差异。农村孩子的生活环境限制了他们的艺术视野，看画展、听音乐会、看演出对他们而言，无异于海市蜃楼。但狭窄的生活环境和有限的艺术教育，并没有阻碍他们对美、对艺术的渴求。一曲曲民歌、一幅幅富有乡土气息的画作，无不展示了农村孩子的艺术天赋。如果他们的生活环境有所改观，他们的艺术潜能一定会被激发，他们的艺术天赋一定会被挖掘。

二、解决方案

素质教育是我国基础教育改革的主旋律，在信息化时代，社会、家庭、学校都已经认识到重视学生“素质、创新、发展”教育的重要性。农村中小学应该重视和发展音乐、美术教育，培养中小学生的审美意识、审美能力和艺术表现力，为培养创新型人才打好坚实基础。面对农村学校音乐、美术教育中的种种问题，如何走出困境，我建议可从以下几个方面予以解决：

（一）端正办学思想，重视乡村艺术教学

达尔文认为：欲使孩子的智力和道德心理得到健康发展和保持，必须从儿童时代就注重美育的训练，美育是完善人格得以成立的基础。音乐、美术课是促进学生智力发展，培养他们德、智、体、美、劳全面发展的重要手段，能为学生的一生打好基础。综观统编版中小学音乐、美术教材，不但尊重中小学生的身心发展规律和学习特点，而且音乐、美术课程以学生为本，强调学生的个体发展，尤其注重学生的观察能力、审美能力、创造思维和综合运用能力的培养，对少年儿童的身心发展具有促进作用。

中小学艺术课程的系统学习，有利于培养真、善、美的社会主义接班人。所以，教育管理部门要高度重视乡村学校的音乐、美术教育教学，把素质教育真正落到实处，严格要求乡村学校开足开齐各科课程，加强对艺术课程落实情况的督查。

（二）强化师资队伍建设，确保艺术教学顺利实施

近年来，各地区学校数量迅速增加，导致部分学校师资力量严重短缺。为了支持农村艺术教育事业，确保乡村学校音乐、美术课程正常开展，除了提高乡村教师待遇，吸引音乐、美术专职教师到小城镇和农村就业以外，各县区可以宏观调控，统管音乐、美术课程教师，实行专职教师学校间走教。另外，各地市应加强对有艺术专长的教师的培训，通过培训使其成为专职或兼职艺术教师，确保乡村学校艺术教育课程开齐开足，尽可能促使我国中小学教育均衡发展。

（三）加大投资力度，保证艺术课程经费

各地各校应采取强有力措施，逐年加大投资力度，从经费方面保证艺术课程的开展。按学年分批添置艺术课程教具，确保音乐、美术课程正常开展，为学校开展大型艺术活动做好准备。学校要为音乐教师提供教学和练功条件，购置钢琴或者电子琴，建立舞蹈室，不断强化教师的专业能力，进而为教学服务；为美术教师提供画具、教具等，促使美术教学在乡村学校繁荣发展。

（四）实行量化评估，在竞争中求发展

教育职能部门应加强对学校艺术教育的督导评估，完善科学的量化考核体系，力求各校做到基础教育和素质教育齐抓共进，均衡发展。学校实行量化考评，引进公平公正的竞争机制，在职称评定方面为坚守乡村的一线教师开通绿色通道，加大对音美等薄弱学科教学有成果的教师的奖励措施，充分调动音乐、美术教师的积极性。用多种优惠政策激发艺术教师的职业幸福感，让学校的素质教育之花越开越艳丽。

时代在发展，教育在改变，在强调素质教育发展的今天，人民对美术和音乐教育提出了更新、更高的要求。艺术教育是素质教育的重要组成部分，音乐、美术教育的发展是衡量一个国家和地区的素质教育发展的标志。身为教育人，既要引领我们的学生走进艺术的殿堂，又要重视学生的身心健康发展，还要促进中小学生创造能力的培养，最终让受教育者以德为先，服务于我们的国家、社会和人民。

参考文献

1. 郑闻慧 . 黄胄谈艺术 [M]. 北京：中国青年出版社，1998.

2. 王宏建 . 艺术概论 [M]. 北京：文化艺术出版社，2000.

3. 音乐课程标准，中华人民共和国教育部制定，2011.

4. 美术课程标准，中华人民共和国教育部制定，2011.

原载于《教师报》第 2954 期 2021 年 6 月 20 日头版头条

网络环境下信息技术课教学的思考

随着时代的发展，科技的进步，信息技术课程走进了学校课堂，互联网以虚拟手段为人类开启一方全新的文化空间，快捷、便当的因特网给人们的工作、学习、查询、购物、旅游、聊天、游戏带来了最方便、最经济、最有效的手段。善于接受新生事物的中小学生，自然在网络的飞速发展中成为主流，他们是网络文化的参与者，也是网络文化的创造者。

中小学生乐于接受新信息、新知识和新事物，关心国家大事，喜欢涉猎新奇事物。中小学生恋网的原因主要有以下几个方面：

其一，迷恋游戏。中小学生血气方刚，喜欢做常胜将军。网上大量的游戏都很富有挑战性，好胜善战的心理促使他们跃跃欲试，征服游戏中的敌人，大有不战胜敌人决不收兵之势。

其二，渴望理解，渴望朋友。中小学生学习任务重，思想压力大，老师和家长往往只关注他们的学习成绩，使得他们的情感需要得不到满足。致使学生和老师、家长之间的代沟越来越深。他们有了欢乐、烦恼和心事不愿和家长、老师沟通，就算非常要好的朋友也难以为自己保守秘密。因此，不见面的网友就成为自己最好的倾诉对象，成为自己减轻心理负担最贴心、最保密的伙伴。

其三，生理发展，心理成熟的过渡。中学生处于青春萌动期，中学时代是他们性意识确立和发展的关键时期。虽然中小学目前都不同层次地开设了心理健康课，但多是流于形式。他们在自身成长过程中，身体、心理都发生了巨大变化。他们渴望异性的注视，渴望走近异性，了解异性世界的秘密，渴望缓解自身的情感秘密，但是这些羞于启齿的内心世界自然不敢向父母和老师轻易流露，所以书信、电话、网聊就成为中学生和朋友交流的主要方式，而网上交友谈心则更具有保密性，自然被他们所赏识。但令人担忧的是笔者在教学中经常发现在学生的邮箱中有一些来路不明的电子邮件，诸如：网络黑色文化、网络黄色文化、网络泡沫文化。尽管教师一再强调，对于收到的来历不明的邮件轻易不要打开，要立刻删除掉。然而中小学生好奇心强、自制力差，加之早已不再满足于学校里单调乏味的学习生活，一颗颗躁动不安的心所迸发出来的激情使他们渴望了解外面的精彩世界，就好奇地打开邮件，由此产生了一系列负面影响。如：①电脑受病毒影响不能正常运行，直接导致教学活动难以开展；②把涉猎到的新、奇事件大肆宣扬；③对不良的政治诱导缺乏正确认识；④受色情宣传影响痴迷网恋，影响学习。

在科技飞速发展、网络步入学生生活的今天，中小学生上网是时代和社会发展的必然，我们不能因为网络有不良影响就绝对禁止他们去上网。在中小学信息技术教学中，既不能因为上网的负面效应禁止学生去上网，也不能让他们在网络王国里任意漫游。作为信息老师，在教学中要从思想上教育学生正确认识网络，加强中小学生的人生观、道德观教育，正确引导学生学好信息技术这门应用性极强的学科，使学生免受不良网络文化的冲击。教师在完成教学任务的同时，一定要针对中小学生的生理、心理特点，正确引导他们认识网络的丰富性、多用性及其对青少年的危害性，要引导其正确对待互联网上丰富多彩的文化世界，取其精华，去其糟粕。同时学校和家庭也要加强对学生的心理健康、性知识、性道德和情感等方面进行教育，帮助学生形成对自身身心状况的正确认识，消除对异性的神秘感，和异性同学友好地正常交往。另外，学校在抓好教学工作的同时，必须给学生安排以丰富性、情趣性、创新性、挑战性见长的课外活动，这样既锻炼了学生的身体，又丰富了学生的学习生活，有利于培养学生自立、自信、自强的人格，使学生从网络的虚幻世界走到阳光下的现实世界。对于中小学生的恋网现象，作为家长和任课老师也不必恐慌，只要我们对其进行正确的引导，对其多一份关心、多一些开导，走进他们的心灵，了解他们的内心需求，走进他们的情感世界，做他们的良师益友，指导他们多参与一些正当的社会交往、课外活动，就能提高他们分辨是非的能力，使他们从心理上真正认识网络的正确作用和负面影响，从而有效地从网络获取一定的知识信息，不断提高学习成绩和各项能力。少年强则国强，他们是我们民族的希望，在网络纵横的今天，我们希望有关部门能加强网络管理和监督，尽量消除网络的负面影响，净化社会环境，为祖国的未来创造一个良好的学习、生活环境。

在网络时代，我们的信息技术课不只是个技术应用传播的渠道，同时也是端正学生上网态度，培养学生人生观、价值观的渠道。信息老师要把信息技术课教学的目标和内容予以拓展，引导学生明确网络是学习、工作的一个有利工具，要学会规划自己的人生目标，让网络成为自己学习、生活的好帮手。

原载于《信息技术教育》2009 年第 3 期

教育故事

JIAOYU GUSHI

“教育的本质，就是一棵树摇动另一棵树，一朵云推动另一朵云，一个灵魂唤醒另一个灵魂。”教师就是摇动另一棵树的那棵树，就是推动另一朵云的那朵云，就是唤醒另一个灵魂的那个灵魂。

等待花开

等待花开，是一个教师的教育智慧。学会等待，就是要学会俯下身子与学生沟通，学会适应各类学生的节奏。教师只有学会等待，才能享受教育教学过程中的灵动与飞跃。

三年前，新学期开学第一天，我走进四一班教室上品德与社会课，当我温和的问好声音在教室响起，学生齐刷刷笔直站立，声音洪亮地向我问好。唯独第二组倒数第二排那个头发乱糟糟的女生怯怯地低着头站着，嘴巴似乎并没有发出声音，我回礼让孩子们坐下，开始引导孩子们走进第一课《游戏里的规则》的学习。上课期间，我把关切的目光几次投向那个女孩，但是她低着头，始终面无表情地盯着自己的课本，心思明显不在课堂上，我一直都没得到她的有效回应。快下课时，我有意识走近她，她把座椅靠里边挪了挪，头埋得更低了，眼睛紧盯着课本，用余光看着我，默不作声。我用手抚摸她的肩膀，微笑着说道："你好！请问你叫什么名字？"她慢腾腾地站起来，用极弱的声音回答："我叫马燕（化名）。""哦！马燕，你是个有礼貌的孩子，李老师很高兴认识你。请坐下吧！"课后，我找了四年级一班的班主任老师，她向我简单介绍了马燕的情况：马燕父母离异，她跟随有智障的母亲生活，孩子喜欢看书，但是学习成绩比较差，上课的时候心不在焉，而且特别胆小，下课也是一个人悄悄坐在座位上，从不主动和同学们玩乐。马燕的班主任是我校特别优秀的一位青年教师，我温和地告诉她："马燕是个可怜的孩子，不要着急，多关心、多鼓励，学会等待。她一定会变成好学生的。"

从事教学管理以来，我发现很多老师缺乏等待"花开"的耐心，面对学困生总是急不可耐地大发脾气，但是我相信马燕的班主任老师的胸怀和能力，她一定会让马燕的思想和学习跟上"大部队"的。每次去她们班上课，我都特别关注马燕的细微变化，定期和班主任老师交流她的情况，了解她的变化：第一周，马燕迟到，四次没交正式作业；第二周，马燕再没有迟到现象；第三周，马燕的头发干净了，而且梳理得很整齐；第四周，马燕每天上交正式作业；第五周，马燕能按时完成家庭作业，而且自己能在检查后签字；第六周马燕的作文在班内交流……四年级期末考试，马燕的语、数、英及格；五年级期末考试，马燕考试成绩接近全班平均成绩；六年级的马燕积极参加了学校运动会，六一儿童节还参加了文艺节目汇演……

在班主任老师的呵护、关爱下，在同学们的热情帮助下，马燕性格变了，学习也有了很大进步。再有一个月，她就要小学毕业了，每次去她们班上课，我还是习惯用暖暖的目光注视她，上课师生交流环节，我都会有意无意地走到她身边，请她读一段文字或者回答一个问题，有时候请她帮我板书，板书后我每次都会以各种理由表扬她。虽然她依然没有进入到优秀生的行列，但是她的成长和变化让我欣喜。班主任对她的关注和爱心，增强了她的自信心，鼓起了她前行的风帆，让她感觉到学习的乐趣，体验到生活的乐趣，我们欣慰地看到她在我们的关心和等待中一天天自信、阳光起来。

一位教育名家说道："如果一朵花不美，就请欣赏它的叶子；如果叶子不美，就请欣赏它的枝干；如果枝干不美，就请欣赏它的根基；如果根基也不能使你产生情感的冲动，那么你总该为它是一株蓬勃的生命讴歌。”教师应该用发展的眼光看待每一个学生，但是实际工作中，我们对待不同的学生时，却用了同样的教材、同样的方法、同样的节奏、同样的要求，我们在匆忙前进的过程中，总是忘却了等待，总是疏忽了不同的花会在不同的时间开放。作为已婚女教师，亲身体验到生命的孕育、诞生以及哺育过程，我们更能体会到生命的弥足珍贵，更懂得欣赏每一个学生成长中的点滴进步。对于聪明但不用心学习的孩子，我们鼓励他们慢慢静下来沉入课堂；对于踏实但是不出成绩的孩子，教会他们学习的正确方法；对于学习好但是比较自私的孩子，引导他们体验帮助他人的快乐；对于自卑、懦弱的孩子，给他们展示自我的机会，让他们感受掌声中的期待和友情。

学生犹如花园中的花，品种不同，花期也不同。让我们学会欣赏，学会等待。老师的爱就像一粒粒和善的种子，只要你勇于传播，就一定会让孩子们的人生有所收获。我们不能让孩子们人人成为天才，但是等待花开时候的赞美和认同就能成就他们的梦想！

原载于《教师报》第 2590 期 2017 年 11 月 5 日

有一种关爱叫陪伴

多年来，我已经习惯了开学报到时教导处的各种纷扰，好在教导处几个干事分工明确，业务熟练，对于家长的问询可给予明确答复，转学籍业务也很快就能办妥。中午快下班时，一位家长匆匆来到教导处，声音哽塞地说：“我是四年级刘晗（化名）的家长，想给孩子办复学手续……”话未说完，泪水就溢出了眼眶。

刘晗是个乖巧的女孩，上学期我给她们班上课时，她一直闷着头写字，第一节课时，她偶尔抬头看看我，只要我和她的目光对接，她的眼神立刻会躲闪，飘移到别处。起初我以为她很腼腆，不好意思面对我这个新老师。谁知第二节课她依然是继续低着头在本子上写字，似乎我的讲解、师生互动都和她无关。课堂上当我移步到她身边，她会停下书写，我翻了翻她的本子，一个同样的字已经写了十多页。课后我去找了班主任张老师，才知道这个学生是从乡下学校转来的新生，开学两周一直就是这个样子，班主任找她谈话，但是孩子一直不和老师沟通，无奈之下，班主任只能给家长反映了她在校的情况。

开学一月后，刘晗妈妈来教导处给孩子办“休学一年”的手续时，我留意到医院诊断书写的结论是“儿童自闭症”。她妈妈边办手续边说，孩子小时候很活泼，自从婆婆逼她生了二胎后，自己忙于照顾小的，就忽视了女儿。近两年孩子在家话特别少，学习成绩急剧下降，她还以为是乡下教学质量差，专门把孩子转入城里的学校，最近带孩子去省城几个大医院检查，才知道孩子患了自闭症，医生建议孩子休学去北京接受治疗。刘晗休学三个半月后就放了寒假，我们都期待着她好转的消息，班主任张老师还多次打电话询问孩子看病的进展情况。

眼前的刘晗妈妈带着哭腔，站在我们面前请求："老师，给刘晗复学吧！我实在受不了了，北京治疗费用实在太高，我婆婆不让给孩子看了……"说话间，她右手牵着的调皮小儿子却朝站在他前边的刘晗背后砸了一拳，她缩了缩身子，本来就低着的头埋得更深了。我实在看不过眼，一下子拽住了小家伙，狠狠盯着他呵斥道："你再打姐姐试试！"小家伙这才老实了。

侯老师给刘晗在网上办理复学申请手续，我递给刘晗妈妈一杯热水，拉着她冰冷的手请她坐下等待。此刻，所有安慰的语言都显得那么苍白无力，我不知道怎样才能减轻这位忧伤的妈妈内心的伤痛。十月怀胎的艰辛和苦楚，同为女人的我也经历过。看着单薄、稚嫩的刘晗和无助、彷徨的刘晗妈妈，我把目光投向了窗外……

身为父母，我们把孩子带到人世，就要担当孩子的教育问题，从孩子呱呱坠地的第一天开始就要树立责任意识、教育意识。孩子从小到大，陪伴是对孩子最好的爱。"培养"就是"陪着养"。家长们整日忙着带孩子上特长班、补习班，急于寻找培养孩子成才的捷径。但是周末和放学后自己不是加班就是出外应酬，把孩子留在家或者送去补习班，对孩子常常连陪伴的耐心都没有。

孩子的成长是一个漫长的过程，作为父母，其实我们给不了孩子属于他的未来，他有自己的人生。但在孩子的成长过程中，不要怕孩子会遭受挫折，不要怕孩子动作慢，更不要担心孩子遭受失败，在他们长大成人的路途中，陪伴是相互的，滋养是相互的，给予也是相互的。我们能做的只是努力陪伴孩子，和孩子们一起经历成长中的风雨和阳光，分享他们成长中的苦乐酸甜。父母对孩子的爱有多种：严厉是爱，呵护是爱，体贴也是爱。父母对孩子的爱，蕴藏在孩子渴望的眼神里，展现在孩子天真的笑意里，荡漾在温馨家庭的欢乐里。

孩子的成长和植物一样，也需要良好的家庭环境，幸福的家庭利于孩子的身心健康。一个家庭可以不富裕，但是不能缺少爱，家是孩子成长的摇篮。陪孩子长大的过程，也是我们作为父母自我成长的过程。家长要和孩子一起慢慢体味相依相伴时遇到的每一道风景，每一种心情。陪伴是家长对孩子最长情的告白！

原载于《教师报》第 2577 期 2017 年 9 月 17 日

母爱的四把金钥匙

关爱子女是母亲的天职，得到母亲的关爱是每个孩子的心愿。母亲的鼓励、鞭策，能有效推动孩子的成长和进步。每一个孩子天生都是一块有待雕琢的璞玉，母亲作为孩子的第一任老师，都想把最好的一切给孩子。人常说，三岁记老。所以，母亲的言谈举止会影响孩子的一生！母亲对塑造孩子的习惯、性格和道德品质有着决定性的作用。

俗话说："罗马不是一天造成的，长城不是一日建好的，大侠不是一夕练成的。"孩子的成长过程需要学校的教育，社会的熏陶，更需要母亲用好这几把爱的金钥匙："关爱备至"的爱心，"居安思危"的决心，"锲而不舍"的耐心，还有"滴水穿石"的恒心。

身为母亲，我没有高挑的身材和靓丽的外表，但我是最有责任心的老师，也是最富有耐心的母亲。爱不是一味地付出，母亲还要引导孩子学会用行动回报家人，培养孩子知恩图报的品质。我通过做家务这类日常小事，不仅培养孩子认真负责做事的好习惯，而且引导他树立家庭责任感，让他在劳动中体谅父母的辛劳，从而用行动自觉回报父母。

儿子 11 岁生日那天中午，我一路小跑着准备回家做一顿丰盛的饭菜给他庆祝生日。钥匙刚插进锁孔，门开了，儿子乐呵呵地说："欢迎李老师回家！"顺手递上拖鞋，接过包，做出请的姿势："请老妈洗手，用餐！”餐桌上的现成饭菜跃入我的眼帘，虽然简单，但是看起来还不错。一家三口就坐后，儿子端起盛着酸奶的杯子：“感谢老妈、老爸对我‘薄情寡义’的爱，希望二位以后一如既往地‘训导’我。”碰杯后，儿子自我点评他做的菜：“西红柿炒鸡蛋因为火候没把握好鸡蛋炒过了；土豆炖排骨土豆放得晚了有点硬；豆角烧茄子蚝油倒多了，稍微咸了点。”我说：“春风十里，不如你。今天三道菜色鲜味美，咸淡合适。你的生日，妈妈的难日，我能吃上有‘爱’有‘心’的现成饭，心里比蜜还甜！”饭后休息时，那些一步步训练儿子做饭的镜头在脑海盘旋：教儿子买菜要货比三家进行挑选；洗菜时一择、二浸、三淘；切菜时要切薄、码平、切匀。我先示范洗菜、切菜，再手把手指导他熬稀饭、蒸米饭、炒菜。

如今儿子生活能够自理，让我觉得所有的付出都值了。教儿子做家务的过程切记要做到关爱备至，确保每一个细节孩子的安全：由扶到帮，再慢慢放手让他大胆做，不断给他以信心和勇气，让他在自我实践过程中感受劳动和学习的乐趣，从而爱学习爱劳动。

高尔基说过：“谁不爱孩子，孩子就不爱他，只有爱孩子的人，才能教育孩子。”锲而不舍的耐心教育和陪伴是母亲对孩子最好的爱，有付出就有收获。

儿子上小学时一直担任班长和学校的大队委员，他经常要协助老师组织活动。为了培养他的主持能力，我给他用小凳子、茶几在客厅搭台子，用手电筒当话筒，非常有仪式感地指导他上台、敬礼、情感诵读、答谢、下台。主持的每一个细节都严格要求：上下台的举手投足，诵读时的字音、断句，每句话升降调的处理，主持节目时的眼神、手势、语调的配合等。无论是儿子在学校的升旗仪式或者大型活动的主持，还是他们的班会、队会主持，我们母子都要利用晚上或者周末，在客厅进行无数次排练。贪玩是孩子的天性，在排练过程中，儿子也有偷懒和抗拒的时候，我就给他反复强调主持人在活动中的组织、互动、交流、推动作用，还用董卿、倪萍、朱迅等主持人的应急救场故事，教育他做事要注重细节，做人要顾全大局。正是我的精心指导和儿子的反复练习，才使他每次主持都非常顺利。

在教育孩子时，母亲既要坚持原则，又要学会拿孩子当朋友，跟孩子说话时，不能用命令的口气，应该用商量的语气。有关孩子成长过程中的事情，父母不要包办代替，要把“建议”“推荐”挂在口头上，把选择权和决定权留给孩子，慢慢培养孩子的独立性和自主性。

母爱是人生任何东西都不能代替的阳光，也是孩子心中最美的云彩。无论是学习好的孩子，还是有问题的孩子，都是母亲的希望。母亲撒播希望，鼓起孩子的自信；母亲用真诚指点迷津，让孩子看到自己的潜力；母亲用耐心推动成长，指引孩子找到前进的方向。母爱是海洋，孩子就是行驶在海洋中的一叶扁舟，母亲只有教子有方，惩戒有度，海洋中的扁舟才能找准航向，迎着风雨，勇敢前行。

原载于《教师报》第 2926 期 2021 年 3 月 14 日

八月桂花飘香时

三伏天本该是热浪滚滚的时节，连续几场大雨却让这个城市提早进入了秋季。充足的雨水让繁茂的桂花树叶子更加翠绿，掩映在绿叶丛中的桂花如羞涩的少女在秋风的帮扶下偷看着这个热闹的世界，好不奇妙。小区里年轻的宝妈们带着孩子在院子里活动，或游戏，或聊天，一片温馨。路边江敏（化名）母女经常落座的那个摇椅已经空了好久好久，静静地等待着她们的归来。

一年一度的市级教学大赛又拉开了帷幕，江敏也是众多参赛教师中的一员。2010年师范大学毕业后，她一路过关斩将，最终以第一名的成绩进入县城东关中学任语文教师。从教后，她连续三年蝉联校级“教学能手”，任教第五年荣获“县级教学能手”称号。成长的背后必然伴随着些许的艰辛，但开朗的她总是把事故当故事来看待，在云淡风轻中不断丰盈着自身。

今年是江敏任教的第十个年头，经过层层选拔，她终于有机会被推荐参加这次市级教学能手大赛。因为深知市级教学能手赛竞争激烈，她六月份就把两岁的孩子送回乡下婆婆家，全力以赴准备九月初的赛事。

因为疫情，今年中考时间推迟。白天她陪着学生紧张备战中考，不敢有一丝懈怠；夜深人静的时候，她伴着孤灯跟课文“对话”。教学《一着惊海天》时，她在指导学生了解课文内容的基础上，重点指导学生制订新闻采访方案，拟定新闻采访提纲，还要求学生掌握新闻稿的写法。《背影》一课感情真挚，她引导学生在默读课文中设身处地联系生活实际，组内交流课文中的情景描写，感悟父子情深……

月悬中空，宿舍楼旁高大的白杨树耷拉着脑袋早已入眠，刚结束备课的江敏虽疲惫至极却难以入睡，满脑子都是女儿，往常一下班女儿就赶紧“黏”上来，先“吧嗒吧嗒”亲妈妈两口，接着就前言不搭后语地讲述自己的小小“历险记”。她实在想孩子了就和宝贝视频一下，和孩子说话时，两岁的小樱桃甜甜的一声“妈妈”就像催泪弹一样，使她脸上洋溢着笑容，腮边却挂着泪水，实在哽咽着说不下去时就干脆挂断电话，擦干眼泪洗把脸继续“干活”。女教师都有这样的经历，经常要在权衡取舍中纠结教学、家务、学生、培训等事务。权衡的结果就是因为学生忘了自己孩子的家长会，因为学校疏忽了久违的亲情、友情。

赛前一个月，她积极拜师学艺，每天下班后骑电动车去县教研室，找到曾多次担任省级教学能手评委的教研员邵老师为她准备的每一课“把脉”，从导课、教学重难点的确立、教学方法、教学过程、板书设计等方面进行沟通、交流，确定最佳设计。在邵老师的“魔鬼式”强化训练下，她信心满满。

比赛那天，江敏一大早还特意请人给自己做了头发，化了淡妆，以最饱满的状态去迎接属于自己的挑战。她抽到的课题是《昆明的雨》，这节课她在县上讲过两次公开课，赛前邵老师还重点指导了《昆明的雨》和《背影》，她内心一阵小激动。备完课、写好说课稿，她还做了几张 PPT，包含创设情境、激趣导读、整体感知、品读赏析和情感升华。20 分钟的微课，教师引导到位，学生主体作用发挥良好，昆明那“明亮的、丰满的、使人动情的”雨似乎在课堂流淌。主评委面带微笑，频频点头，其余四位评委也一直用赞许的目光看着课堂上张弛有度的江老师。

机会总是偏爱那些有准备的人，市级赛教结果公示单上江敏名列文综组第一。省级比赛将在十月下旬进行，还有一个月准备时间。江敏驱车回家，小樱桃看着笑容满面的漂亮妈妈，拖拽着她要去院子玩。中秋将至，桂花树浓郁的香味在小区飘荡，星星点点的桂花与昔日相伴的绿叶一起享受着宁静的夜晚，昏黄的灯光下，路边那把摇椅重新恢复了往日的愉悦，陪着小樱桃听妈妈绘声绘色地讲故事……

原载于2020年10月13日陕西教育新闻网《教师美文》

你若安好，我便快乐

冰心说：“走在生命的两旁，情在左，爱在右。”对于教育人而言就是，行进在教育的道路上，智慧在左，执着在右。教过的学生们牢记或者忘却，我们依然执着地行进在教育之路上，且行且珍惜。

学生永远都是老师们最牵挂的人，在老师们心里，学生若安好，我们才会快乐。我如是说，我们的老师如是说，普天下的老师如是说。我们的爱心和责任不会因为个别人、个别事而降低，请家长和社会相信，我们为人师者的广博胸怀和爱生情怀。曾经北京市朝阳区红黄蓝幼儿园虐童事件刷屏，在全国引起强烈反响；曾经“辛迪家”幼儿园老师伤害幼儿事件在社会上造成恶劣影响；曾经教师有偿补课备受群众指责……教师队伍中极个别老师的过激行为的确背离人性。学生犯了错误，即使有一万个理由惩戒、批评教育学生，也不能违背教师的职业道德，更不能失去理智对年幼的孩子“下黑手”“下毒手”。

热爱教育事业、热爱学校、热爱学生、热爱所教学科是教师必备的基本素养，在社会各界聚焦红黄蓝幼儿园恶性事件的时候，所有学校和幼儿园天天都在日复一日地重复着学生管理和教学常规：迎接幼儿和学生进校、晨读、上课、课间操、自习、社团活动、放学、护送路队。老师和家长时刻牵挂着学生的安危，学生的平安、健康、快乐是为人师者最大的幸福。

一个周五，放学后，我们全体教师正在开会，一个家长悄悄走进会议室，脸上写满了焦急，经过询问得知，他家孩子张 × 放学后没有及时回家。班主任晁老师先出去详细了解情况，继而学校领导立刻加入调查之中。原来家长下班回家发现孩子书包放在出租屋内的桌子上，但是人不见了踪影，房东老太太也不知孩子的去向。学校领导班子成员通过和家长、班主任交流后，让班主任立刻翻阅手机通讯录查找张 × 好朋友家长的电话号码，同时安排数学老师、英语老师分头给这些孩子的家长打电话，让联系他们的孩子询问张 × 的行踪和线索。学校安排老师分组分头寻找：一路人去附近诊所寻找，因为孩子午饭时说要去输液；一路人去孩子老家，因为小家伙每个周五下午都会回乡下老家看望爷爷奶奶。打电话询问的老师反馈：这些同学没有张 × 的行踪信息，去诊所寻找的老师打回电话，张 × 没有去诊所就诊。40 分钟后去孩子老家的老师终于传来佳音："孩子回到老家了，因为爷爷去镇上，他进不了门，此刻正在邻居家看电视呢。因为下午放学后见爸爸不在出租屋，他又没有钱乘车，就步行回到老家。"

"警报"解除，紧张的气氛总算得以缓解，班主任晁老师眼泪哗哗流淌，瞬间眼睛就红了。身为校长，我不知道此刻该怎么安慰我们学校班级管理出色、责任心极强的晁老师，学校路灯下我拥她入怀，拍拍她的肩膀："学生安全回到爷爷家就好！你赶紧收拾一下去幼儿园接孩子吧！孩子老师都打了几遍电话了！"晁老师参加工作十多年，是个尽职尽责的好老师，在得知学生张 × 事件后，就像一个飞速旋转的"陀螺"，又是跑着去查看监控，又是到处打电话给张 × 好朋友问线索，一直积极配合张 × 爸爸妈妈寻找孩子。此刻已经快七点了，她上幼儿园的孩子还没人接，数学吴老师住院的老妈妈还在医院等着她送晚饭，英语魏老师在上一年级的女儿哭闹着要妈妈带她回家看动画片……张 × 不知道老师和学校为了找他所费的周折，但是此刻，

张 ×，你若安好，老师们就放心了！没有爱，就没有教育。以宽容的心态对待每一个学生的“不小心、不经意”，用期待的心态去等待学生的每一点进步。

望着老师们匆匆走出校门的背影，我不禁感叹：老师的心中有一座山！老师的眼中有一片森林！老师难，小学老师更难，小学的女老师难上加难。老师们时常会遇到孩子们因为任性、淘气做出的种种奇葩事。小学老师的角色多样：有时是保姆，有时是侦探，有时是法官，有时是玩伴，有时是妈妈。大灾大难面前，老师们首先保护的是学生。2008 年汶川大地震时，老师们赶紧把学生疏散到操场上，安抚哭闹的孩子们，等家长们把 1700 多名学生平安接走，我们的老师才去接自己的孩子。作为母亲，当孩子看见我哭闹着问我：“妈妈！你怎么才来啊？你怎么才来接我啊？”我把孩子揽进怀里，需要给孩子解释的太多，但是老师的孩子必须学会勇敢，学会独立面对。我替儿子拭去脸上的泪水，攥着他的小手，用行动向他传递来自母亲内心深处浓浓的爱。孩子和学生是老师们生活和教育过程中的陪伴者，虽然自己的孩子更亲，但是教师的责任往往使老师们疏忽了自己孩子的管理，把大爱给了学生。学生的进步和成长，是老师最大的幸福。

冬天的夜晚来得早些，等我出校门的时候，路灯已经照亮了我们这个城市的夜空。有个朋友要来我们这里给教师们做报告，我原计划去高铁站接朋友，因为张 × 事件，我此刻只能去她下榻的酒店接待她。朋友是教育战线上的标杆，她一定会理解我今天的迟到。我竖起大衣领子，紧紧围巾，深深呼吸一口浸透着寒意的空气，迎着一路灯光大步流星向前走去。

原载于 2019 年 6 月 12 日陕西教育新闻网《教师美文》

又是一年冬至时

人的一生都在奔跑，少年时因学业疲于奔跑，成年时为生计奔波劳碌。像我一样自己带孩子的职业女性更是像陀螺一样飞速旋转，大大咧咧的我曾经一直都是糊里糊涂过日子，从来没有注意过节气，更没有在乎过关于节气的一些讲究。人的旅程就是这样，大把时间都在忙碌中迷失自我，偶尔驻足回首才意识到错失了许多值得回味的人和事。

今天，又是一年冬至时，凌晨乡下学校工作时的情境再现梦里，梦是想念的余震，索性用温暖的文字记录乡下学校工作那年的艰辛和幸福。

那年我服从组织安排到乡下创建省级农村学校示范点，因为一墙之隔的蒋周李幼儿园每个节气都要搞活动，加之农村学校有讲究的老年教师居多，我才对一年二十四节气慢慢熟知起来。在老教师的指导下，在孩子们的带动下，我记住了二十四节气歌：“春雨惊春清谷天，夏满芒夏暑相连；秋处露秋寒霜降，冬雪雪冬小大寒。每月两节不变更，最多相差一两天。上半年来六廿一，下半年来八廿三。”在饭堂吃饭聊天间隙，也无意中记住了老教师说的一些有关节气的谚语：“一场春雨一场暖，一场秋雨一场寒；冷惊蛰，暖春分；清明前后，栽瓜点豆；雨打清明前，春雨定麻缠；冬至有雪来年旱，冬至有风冷半冬……”

农村学校教师因为家有农活，所以他们关注节气、农事，农村学校的小娃耳濡目染，有时也会顺口说几句谚语。

乡下冷，毫无遮挡的乡下学校更冷。那年春季开学时，操场边柳树上几片干枯的树叶挂着霜吊在半空“荡秋千”，树坑里枯黄的落叶上铺满厚厚的霜，每天早晨学校的土地是僵硬的，室外包裹水龙头的粗麻绳是僵硬的，拖把、笤帚也是僵硬的，就连我们汽车的前后玻璃上都是带着美丽花纹的冰渣子。有一天温度特别低，下班后同事的车门把手竟然费了一番周折才拉开。因为不胜寒冷，我真正体验到乡下春天脚步的迟缓。

我经常翻着日历看节气，明明已经立春了，乡下的温度还是低得出奇。过了春分，学校终于迎来了春天的足迹，操场边的柳树已经慢慢发芽，东墙边的玉兰树已经有了花苞，干枯的草叶也开始泛绿。学校隔壁的农民们早晨趁天寒地冻给地里拉农家肥，下午借着初春稍有暖意的阳光用绳子给猕猴桃树枝干搭架。为了驱寒，每天大课间，我们组织全体师生坚持在操场跑步 25 分钟，虽然乡下很冷，但是我们适应了乡村的生活。那一年无论刮风下雨，还是风雪交加，我都不曾感冒，从此我养成了每天坚持锻炼的良好习惯。

农村学校有限的生源使得学校少了城市学校的喧嚣和吵闹，多了些乡村的宁静和雅致。因为在家门口上学，乡下的孩子一般都是自己上下学。乡村的学生浑身上下都透着乡村人的淳朴和真实，他们学习踏踏实实，劳动有模有样，就连一年级的“小不点”们拿笤帚扫地都很在行，这点城里学生无论如何是比不上的。学生从小在家养成了劳动习惯，所以学校不需要请保洁，很多时候也不需要请民工。春天栽花种草时，在学校倡议之下，孩子们按照班主任的分派，从自己家拿来锄头、铁锨、铲子，开沟的开沟，摆苗的摆苗，埋土的埋土，浇水的浇水，一个下午的时间，学校的花花草草就种完、栽完、浇完了。

学生骨子里带着的勤劳、质朴时常感动着我，我决心改变孩子们学习、生活的校园环境。那一年的每一月每一周每一天，这所乡村学校都在改变着模样：旧楼改造、水电改造、部室重建、餐厅改造，校园绿化、校园美化。学校硬件在各级领导们的支持下逐步落实到位，学校管理在教师们的全力配合下软着陆：集体备课、“三字一话”考核、教学设计培训、教学论文撰写培训、微课题研究、课堂教学展示活动，等等，给教师的教与学注入了新的活力。孩子们积极参与各项活动：朗读训练、诗歌诵读、英语会话、蛋雕、泥塑、声乐等，在孩子们面前打开一扇扇通往自信的门。学校在变美，教师的精气神在提升，孩子们也变得越来越乐观、自信、阳光。

改变学校的每一步都饱含着艰辛和困难，多少个不眠之夜想方案，多少次局领导亲临现场指导工作，多少个朋友的支持和帮助，多少个加班加点的操劳，才有了如今校园的美丽和整洁。验收时省厅领导的肯定，国家留学基金委各国留学生的深入调研，让这所乡村学校不再沉寂，它的名字走出了陕西、走向了国际，真正实现了从硬件到师资力量的优质资源共享。

那年临近暑期开学，一场大暴雨导致学校围墙倒塌，雨水伴着泥浆漫过校园，党局长和项目办同志联系村委会和市政站，请来村民们帮我们翻修了围墙，洒水车进入校园清洗泥巴，开学时，学校处处清新亮丽。那年冬至，一场大雪笼罩了整个校园，我们全体师生清扫学校里外的积雪，五、六年级学生扫的扫，铲的铲，保安、教师一起用架子车把雪一车一车拉到学校东边的猕猴桃地里。农家孩子干活不需要老师指点，个个都是行家，扫雪、铲雪都知道巧干加快干，一双双小手冻得红通通的，但是劳动时师生的欢声笑语却让寒冷的冬天充满了温暖。

那所美丽的乡村小学历时一年，硬件设施全部到位，电暖器、空调、美术室、电子琴室、图书室、微机室、手工艺室、营养午餐……后来建立的留守儿童之家也已经成了乡村孩子的乐园。因为付出，所以热爱；因为热爱，所以关注。我虽然离开了蒋寨学校，但是乡村教育情结依然在心。我们送教送培时，看到乡村教师的迅速成长，看到乡村学校的快速发展，我由衷地欣慰。

教育在发展，乡村孩子的教育问题已经受到社会各界的关注和支持，杨凌义务教育均衡发展逐步落实，省级教学能手、市级教学能手“落户”乡村学校，乡村教师待遇已经得到提升，乡村教育公交专线已经开始运营，近年的职称评定也向乡村学校教师倾斜。陕西省乡村优秀青年教师培训工程、陕西省乡村义务教育资助项目已经逐步落实。那年在乡下学校种植的花草树木像二十四节气一样岁岁年年如约而至，义务教育均衡发展的各项政策也如沐春风，温暖教师。

又是一年冬至时，驻足回望曾经的付出，就像今天盘中的饺子一样香味浓郁。沐浴着冬至的阳光，撑一支长篙向教育纵深处行进。

原载于 2021 年《陕西教育》第 1、2 期合订本

乡间最美是丑菊

一场秋雨一场寒，已到深秋，天气一天比一天冷。乡下深秋的风带着哨音，学校操场东边那排白杨树迎着风雨傲然挺立，白杨树上七零八落的叶子变成了灰白色，干枯得打了卷，偶尔随风摇摆几下，似乎在回味曾经的葱茏岁月，又似乎在召唤着那几只活泼可爱的小麻雀来枝头嬉戏，以缓解深秋的寂寥。那些飘落在树坑的树叶紧紧依偎在大地母亲的怀中，一边尽情地享受着久违的亲情呵护，一边给高大挺拔的白杨树输送养料。

深秋的早晨，乡村的每个街道都静悄悄的。如今杨凌的乡村已经没有了曾经的车马喧嚣和牛、羊、猪、鸡的啼叫，村里的年轻人大都外出打工或是进城务工，村子里面多是些留守老人和儿童。因为学校有营养早餐，老人们不需要给孙子做早饭，等孩子们出门上学后，他们悠悠地洒扫庭院，收拾家务，再慢慢给自己做早饭，早饭后跟老伙计们结伴寻着太阳“晒暖暖”。农村人习惯了早睡早起，所以这些老头老太太有大把的时间尽情享受乡村的安静和悠闲时光。

唯一打破乡村宁静的是村子里学校学生的晨读声。一大早，老师组织孩子们食用完营养餐，各班的值日生进行晨扫，其余学生就在老师的组织下早读。每个教室传出的读书声此起彼伏，就像一首和谐的乐曲在乡村上空飞扬。白杨树上的一群小麻雀在孩子们的阵阵读书声中，时而飞舞，时而跳跃，有时它们还会吊在教学楼后边的垂柳上荡来荡去。操场东边那排高大的白杨树下，值日生在认真地清扫着满地枯萎的落叶。晚秋的白杨树早已没有了春日的蓬勃生机，也没有了夏日的茂盛葱茏，它笔直的身躯犹如刚强的哨兵，坚守着乡村校园这片洁净的土地。农村学生劳动很在行，随着学生手中扫把的挥动，细碎的柳树叶和卷成一团的杨树叶聚在一起，学生们分工合作，三下五除二就清扫完了。

部室楼后边旧楼改造工程结束后留下的杂物已经清除干净，六年级班主任张老师带领她班学生用镢头和铁锨翻松了土地，勤劳、质朴的保安趁周末两天，从学校外边拉来黄土覆盖在上边，黎校长三月份网购的丑菊花种子，四月份下种后，两周就冒出密密麻麻的幼苗。人勤地不懒，保安每天喷淋一遍撒着丑菊种子的小花园，丑菊们慢慢破土而出，它们每天耐着性子慢慢地生长。因为过于稠密，苗子长得很慢。一场春雨之后，师生们给丑菊间苗，把拔下来的移栽到学校的角角落落。春去秋来，有阳光的滋润，雨水的灌溉以及老师和孩子们的精心呵护，这些弱小的丑菊八月底竟然悄悄地绽放了，这金黄的、粉红的、雪白的菊花，一个个尽情绽放。它们虽然没有家养的金菊大气、富贵，但弱小的丑菊却有着小家碧玉般的秀丽、灵气；尽管它们没有醉人的香气，但坚强的丑菊却可以顽强地迎着阵阵寒风展示自己最亮丽的色彩。丑菊花虽然不大，但是它花期长，就像乡村的孩子一样朴实、茁壮。在高大的白杨树映托下它显得那么弱小，但是成片的丑菊自成一道美丽的风景线，它们用自己的紧致、娇媚、粲然、艳丽构筑着和谐的校园风景。它们在乡村学校享受着城市里娇艳牡丹才有的最高待遇，孩子们只要一下课，就叽叽喳喳地聚拢在自己班级分管的卫生区前：“快看，这朵丑菊昨天还是花骨朵今天开得多好。”“你们发现没？它们多像一把把小伞呀！”“你知道不？它们都是追着太阳开的。”

农村人在门前屋后种植的大都是经济作物，他们没有城里人的闲情雅致，也绝不会花时间去侍弄那些不能吃不能喝的花花草草，孩子们从小看到的多是庄稼和蔬菜这些较为单纯的色彩。当校园里各色丑菊争相绽放的时候，他们由衷地喜欢这些朴素的花儿。丑菊不光美化了校园，还丰富了学生的校园生活。学校按班级分片管理丑菊，既培养了学生的责任感，还提高了他们的观察能力。因为用心管理，长期观察，真情体验，六年级毕业典礼上，学生朗读自己创作的诗歌时竟然使人潸然泪下。

一日之计在于晨，每天早晨黎校长安排好学校的各项工作，就到各个教室、食堂、部室、厕所、操场巡查一周，掌握教师及各班学生的到校情况，接着排查学校安全隐患。她每天都要亲自过问几个特殊家庭学生的身体和学习状况。听评课是提升师资队伍素质的有效途径，坚持听课、帮助青年教师打磨课是黎校长的常态化工作之一，每天她都会至少听一节课。在她的亲自指导下，本学期新招聘的两名青年教师已经完全可以胜任自己所在的教学岗位。她每周给教师们进行专业培训，教学设计规范化、校本研修具体化。每天大课间操时间，黎校长会习惯性地绕着操场走几圈：透过操场东边低矮的围墙看看村民们种植的猕猴桃树的生长情况，有时还隔着墙和在地里侍弄庄稼的农民寒暄几句，因为她深知，教师要接地气，校长更要接地气。她每次到操场检查卫生，都会在丑菊前伫立良久。她喜欢丑菊的美丽；她欣赏丑菊的淡定从容；她感动于丑菊的内在灵魂。

丑菊名字虽丑，却有着真善美的内在；它不徒虚名，即使安家落户在粗糙又毫无养分的多年草木不生的旧楼背后，依然落落大方地绽放自我。丑菊的本性是向阳花开，但是乡下光线充足，所以黎校长惊叹于这些丑菊顽强的适应能力。她带到乡下的五位教师，正如这些丑菊一样，很快适应了乡村教育教学工作，她们肩挑重担毫无怨言，在乡村学校工作的日子里，她们辛苦并快乐着。因为目睹留守儿童的孤独、寂寞、可怜，张美（化名）老师把自己女儿的几大包衣服送给了杨静（化名）同学；李艳（化名）老师在学校缺少美术老师的时候，积极主动承担了全校美术课、周三兴趣班的蛋雕指导及泥塑指导。为了丰富孩子们的课外生活，五位老师还自发组织了乡音合唱团，让这些乡村的孩子们第一次走上比赛演出的大舞台……

喜爱艺术的黎校长虽然没有美丽的歌喉，但她用满腔的热情歌唱对生活、对亲人、对事业的热爱；她不是大作家，没有锋芒有力的笔触，却在平凡的工作岗位上用心书写着生活的真谛，品评着人生的苦辣酸甜；黎校长是个尽职而热爱孩子的老师，她经常告诫自己：每天怀着愉快的心情去工作，把自己最精彩的一面展示给纯洁、可爱的学生。她精心设计教学流程，课堂上的她是个充满活力的导演，她向孩子们泪流满面地朗诵军需处长被冻死时的感人情景，在她的动情朗读声中，孩子们体会到了“军神”——刘伯承将军的坚毅、刚强。黎校长庆幸自己一直在教育战线上耕耘，因为喜欢教师这个职业，所以她一直坚守着这份至善至美的职业。因为热爱，所以她对教学艺术有着至高无上的追求。在语文教学时，她大胆创新，孩子们借助她熬夜制作的课件直观感受琥珀的形成过程；在她当班主任期间，多次班会课上她温情引导孩子们说出自己对生活的认识、对社会的感受、对教学的期望、对家人的感恩。黎老师觉得做孩子喜欢的老师就是一个老师最大的成功之处，她坚持对学生因材施教，经常深入学生中，了解自己的教育对象，因为只有了解才能有效施教。黎老师最快乐的事情就是每个学生的点滴进步。

真诚对待孩子，辛勤的耕耘使黎老师赢得了学生、村民的大力支持和肯定。当她和她的队友们完成乡村学校示范点创建工作任务，回到原来岗位的时候，可爱的孩子们折了近千只千纸鹤送给她们；五一劳动节刚过，五年级学生蒋梅梅（化名）家长把自己家大棚采摘的一小篮草莓专程送到黎校长办公室；国庆假之后，李艳老师办公室多了几个带着枝杈的鲜红柿子和三箱新鲜的猕猴桃，张美老师办公室多了几把带着露水的大青菜……淳朴的乡情不容推辞，黎校长用车送他们回村时，用两桶油、三袋米，还有一大袋红枣作为回报。一年的乡村交流，得到的不只是学生的留恋，还有家长、村民的认可。如今的杨凌乡村已经消除了脏乱差的现象，现在杨凌的乡村学校教学设施与城区学校不相上下，杨凌的乡村教师待遇已经高于城区学校。杨凌的乡村，村村有品牌；杨凌的学校，校校有特色。

当省上义务教育优质资源均衡验收工作结束后，黎老师再次走进那所曾经挥洒过汗水和爱心的乡村小学校，学校部室楼后边的丑菊依然繁茂如初，操场边的白杨树更加高大，看到会议室悬挂的那块“义务教育优质均衡示范学校”的奖牌，看到几经奔波才建成的留守儿童之家已经启用，如今的校园温暖如家，黎老师欣慰地笑了。

乡间最美是丑菊，正是这些随遇而安、落地生根的丑菊的点缀和妆点，这所乡村学校才会处处呈现美丽如斯的风景。

我和我的“粉丝团”

叶圣陶先生曾经说：“教育者的全部工作就是为人师表。”教师要善于用自己的人格魅力潜移默化地影响学生。就小学教育而言，教师的教育理念、知识更新、教学方法固然重要，相比之下教师的人格魅力更加重要。小学生年龄小，活泼好动，很多时候任凭老师喊破嗓子，不如用行动给他们做出样子。教师要是能放下架子，融入到孩子的世界里，让他们接纳自己、喜欢自己、崇拜自己，这样搞起教育教学工作就容易许多。

今天是我病假后回学校上班的第三天。早上，我踏着和煦的阳光走进校园，一路上孩子们欢歌笑语，不时地问好，见到孩子们，病后多日落寞的心情随之消失，满心的愉悦像早晨流动的阳光洒满心田。中午第三节课，当我走进五三班教室时，孩子们欢呼雀跃，见到我格外兴奋。因为手术后，病情恢复得还不彻底，我用手势示意孩子们安静下来。

我们共同学习品德与社会《四通八达的交通》一课，本单元的主题是“谁把距离拉近了”。孩子们通过阅读和交流很快掌握了我国交通运输的发展：从古人的步行出门到骑马出行，发展到汽车、火车，再到现代的飞机、磁悬浮列车、豪华客轮。各个小组代表汇报得头头是道，有的小组用对比法讲述，有的小组用比喻方法讲述，似乎飞速发展的各种交通工具就在我们眼前运转。为了让孩子们记住我国的主要铁路干线，我组织孩子们分小组进行了一次小小的比赛。“两分钟内，看谁记住的铁路干线多，谁记得最多就给所在小组加十分，并奖励本人一本《作文与做人》期刊。”我话音刚落，孩子们就行动起来。教室里一下子热闹起来，就连平时上课最不守纪律的刘浩楠（化名）也开始背诵起来。孩子们喜欢比赛，都想给自己的小组加分。两分钟过去了，我准时叫停。我微笑着发问：“谁第一位上来展示？”张紫梦（化名）举手了，其他同学也跃跃欲试。说实话，两分钟，我都没有完全记住这些铁路干线的名字，紫梦同学却站起来，不紧不慢，一口气将所有线路背诵了一遍。在我的带领下全班同学都鼓起掌来。“紫梦你真厉害，比老师都厉害。谁还想挑战？”这时平日无比调皮的邓军（化名），举起了右手，我正准备叫他时，他又犹豫着放下了小手。我把鼓励的目光投向邓军：“邓军，你愿意来试试吗？”可是他们小组成员不乐意了：“不行，老师，他肯定没记完。”我示意大家安静下来，“咱们给他一次机会吧！他说一条线路，老师就给你们小组加一分。”邓军开始红着脸背诵“京哈线（北京—哈尔滨），京九线（北京—九龙）……”邓军的语速有些慢，有些同学耐不住性子，开始小声嘀嘀咕咕议论起来。“嘘——同学们，请认真听同学背诵，你听的时候等于又背诵了一遍。”我用鼓励的目光望着邓军，一副边听边记忆的样子。同学们也安静下来，认真倾听。接着，我又叫了李梓青（化名）同学背诵。我边听边记，同学们也边听边记，梓青同学背诵完了。我逐一点评了这三个同学的背诵，并给各小组加了分，还给展示的同学发了奖品。接着我微笑着面向全体同学说：“同学们，刚才听了这三位同学的背诵，我现在好像也全记住了。你们想考考我吗？”“老师，那您说说。”后边几个小家伙已经站起来了，“不行，老师，您还是病人呢。”看着同学们又期盼又有些担心的目光，我说：“在医院我都快闷死了，给我一次展示机会吧！你们用端正的坐姿鼓励鼓励我好吗！”孩子挺起腰杆：“好！好！李老师！”教室霎时间一片寂静。“那我就试试吧！”我一字一句地说着我国主要铁路干线，我说的时候，部分同学掰着手指头数线路。“李老师，您还真记住了。”“李老师，您可真行！”

孩子们笑呵呵七嘴八舌地表扬我，还把掌声送给了我，我的心里暖融融的。其实在课堂上的很多时候，我已经忘记了自己是一位传道、授业、解惑的老师，我更愿意是课堂上的组织者，是孩子们的合作者、竞争者。课堂上，我是与他们一起学习的小组成员，他们是我的“粉丝团”：讲授《首都北京》时，我为他们演唱歌曲《北京欢迎你》；学习《香港澳门》时，我给他们播放香港、澳门回归祖国时举国欢庆的小视频；和孩子们一起学习《居民与饮食》一课时，我与孩子们一起交流感受杨凌蘸水面、潼关肉夹馍的美味；课间，我是他们跳皮筋、打羽毛球的同伴；课外活动打篮球时，孩子们是我这个外行的教练员。在与他们合作、互动中，我感受着被崇拜、被亲近、被喜欢的快乐，我热爱我“粉丝团”的每一个成员。

教育就像行走的旅途，学生就是路途中绽放的花朵，它们美丽的身姿在风中摇曳，散发出阵阵沁人的幽香。老师就像护花使者，是他们崇拜的偶像，我们只有用“心”用“情”做教育，只有勤于学习，善于思考，才能确保自己“孩子王”的角色，才能在合作、互动中不断壮大自己的“粉丝团”队伍。美丽的花朵只有仰望天空，才能在“阳光”“雨露”的滋润下健康成长。

天边那片云彩

普通未必平庸，只要努力耕耘，平凡的工作也能体现人生价值，爱情也会永放光彩。燕就是个普通教师，我们来看看她的生活、爱情。

燕是个乐观向上又极具生活情趣的中学语文老师，自小殷实的家业加之她的好学精神，燕琴棋书画无所不能。她不像别的富家女孩那么骄傲、任性、自私，从小学到大学，燕的随和、大度赢得了极好的人缘。

燕是个极具思想的女子，她的语言文字功底深厚，上小学、中学、高中时作文经常被老师当范文在班里朗读、在学校的校报上刊登。大学期间她被称为她们学校的才女。大学时，燕的学习成绩相当优秀，让所有人不明白的是，被分配到省政府工作的她却选择了回自己家所在的小县城当中学教师。由于小县城的中学条件太差，学校的青年教师都相继“飞”到了大城市或者省城的重点学校，因此校长对燕——这位才女的自愿到来甚是欢喜，非常器重。报到的当天，燕就开始了讲坛上的精耕细作。

燕每天早晨锻炼之后，精心梳洗一番，就会骑着那辆时尚的自行车去学校上班，即使刮风下雨也从不让老爸用奥迪车送自己去学校。一年国庆时因为扭伤了脚，她也只让老爸把自己送到学校附近，就自己一瘸一拐地走进学校。春天暖暖的太阳下，整齐的排房门口没有课的教师三五成群地围在一起边晒太阳边聊天，夏天放学后青年教师结对子在排房门口打羽毛球。每逢下课，燕走过排房时，会热情地和闲聊的老师们寒暄，然后就走进自己的办公室，放下教本，掸去身上的粉笔灰，喝点水润润嗓子，就开始批改作业或者文字耕作。

花开花落，当同学们相继在单位担任重要职务的时候，燕也觅得如意郎君，发表了数篇散文、小说，她过着舒心、充实的生活。乖巧、聪颖的女儿如花似玉。先生秦剑在省城打理着自己的公司，尽管在省城他们有豪华住宅，但他每天都会驱车回到小县城的家和燕及孩子共享天伦之乐。燕和秦剑俩人富有才气而又心地善良，他们虽然道不同，但是却彼此支持、共谋发展。秦剑理解燕普通而平凡的教师工作，支持燕在写作上的发展。夜晚，当燕在书房精心写作或者批阅学生作文的时候，秦剑就在客厅陪女儿画画或者玩耍；燕作为妻子也深深理解秦剑作为商人的辛苦和无奈，当秦剑在整理商务资料时，燕则安顿好乖巧的女儿，在一边打下手，俩人边查阅资料，边商量改进营销方案；秦剑有困难时，燕总是放下手头正在进行的稿子，默默地帮秦剑处理商务，帮他一次次化险为夷。有了燕这样的太太支持事业，秦剑的公司发展得很是顺利。每逢假期，夫妻俩都会带上可爱的女儿去看望秦剑的父母，燕没有在农村生活过，但是为了爱人秦剑，她学会了帮婆婆烧火做饭，学会了帮公公打水，也慢慢地习惯了睡秦剑家火热的土炕。燕深知儿大应报父母恩的道理，所以她尽心做个好妻子、好儿媳，婆婆、公公也喜欢这个通情达理的儿媳妇。燕和秦剑深知爱是需要理解和支持的，婚姻是需要好好经营的，只有彼此用心耕耘，爱心花园才不会出现杂草丛生的破败景象。偶尔有好事者在他们之间传播闲言碎语的时候，俩人都是淡淡一笑。曾经有一个漂亮的女秘书想走进秦剑的生活，但燕的温文大度、风姿绰约，秦剑的刚正不阿、坐怀不乱，让这位女秘书退避三舍。婚姻城堡中的每个人，如果都像秦剑一样富有家庭责任感，认真审视自己的身份，谁还会轻易越轨呢?

当初燕和秦剑搞对象的时候，秦剑是燕爸爸公司一个不起眼的小职员，燕的爸爸尽管不大支持女儿的选择，但是也没有坚决反对，毕竟秦剑的智慧和人品他还是很了解的。秦剑的事业如日中天，燕爸爸把自己的公司也交给女婿经营，自己和老伴过起了有规律的退休生活，再也不必为生意的事情奔波了，每天帮燕买菜、接送孩子，心情好的时候和老伴去各地旅游，享受晚年的安逸和快乐。日落西山的时候，燕的爸爸、妈妈、燕、燕的女儿，总会其乐融融地漫步在风景如画的湖边：太阳的余辉映照在湖面上，淡蓝的湖水微波荡漾，垂柳随着微风跳跃着欢快的舞蹈，燕可爱的女儿一会儿灿烂地大笑，一会儿兴致勃勃地边歌边舞，一会儿摇头晃脑地背诵诗文。

天边那朵火红的云彩，映照着大地、映照着燕和燕的幸福家人，燕迈着稳健的步子陪着爸爸、妈妈、女儿，还有心底的秦剑一路走去。心底有爱，脚下的路自然越走越宽!

原载于2019年1月9日陕西教育新闻网《教师美文》

多彩的太阳

春天的早晨，校园里柳枝浮动，初升的太阳透过柳枝的缝隙，抚摸着花坛里逐渐繁茂的花草树木，盛开的玉兰召唤着含苞待放的牡丹吐露芳菲，四季葱茏的棕榈树焕发出勃勃生机。

我迈着轻快的步子，踏着第一节上课铃声，走进一年级一班的教室。师生问好后，孩子们就座，一双双小眼睛齐刷刷地看着我。我扫视全班，只见最后一排的张一凡（化名）同学局促不安地站着，他左手扶着课桌，右手插在校服上衣口袋里，眼睛看着桌子，神情有点紧张。孩子们打开书的同时，学习委员走上讲台，开始领读黑板右上角我提前写好的每日一诗。

《江南春绝句》

【唐】杜牧

千里莺啼绿映红，
水村山郭酒旗风。
南朝四百八十寺，
多少楼台烟雨中。

诵读两遍后，我开始导入新课，在孩子们开始自由朗读《四个太阳》这篇课文时，我走下讲台，走近依然站着的张一凡。他的头慢慢低下去，右手缓缓地从口袋露出来，小手紧紧攥着，一个个瘦小的指关节诉说着小主人内心的忐忑，他的嘴唇张开又合上，似乎想说什么，可是又没有发出一点点声音。

张一凡性格内向，是个不善言辞的孩子，他学习好，字也写得漂亮，朗读课文时声情并茂。在他两岁时，爸爸妈妈去深圳打工，上幼儿园和小学一年级期间，一直是奶奶接送他。奶奶每次送他到校门口，都会帮他边整理书包边叮咛："听老师话哦！不要淘气啊！"张一凡个头高，是我们班劳动委员，每次都是他帮我擦去讲台上的灰尘和粉笔末。鉴于孩子爸妈不在身边，我时常会以种种理由奖励给他一支笔、一本书、一颗糖、一块橡皮，朗读生字、词语或者段落时我都会给他机会……张一凡话语不多，热心为同学、老师服务，在同学中的威信越来越高。

我俯下身子，摸摸他的脑门儿，额头一点也不热。我温和地问道："你身体不舒服吗？"他摇摇头，"那你要上厕所吗？"他轻轻摇摇头，还是不言语。"我……我……"张一凡脸红了，"李老师，这……这……这是给您的。"他张开紧紧攥着的右手，几粒葵花籽因为孩子的紧张，散落到课桌上。同桌和邻桌的孩子们也好奇地看过来，张一凡更加腼腆，脸瞬间红了，他立刻捡起桌上散落的葵花籽，把带着他体温的葵花籽慌乱地塞进我手里。坐下，打开书，露出小虎牙开始朗读课文。他脸上的红晕慢慢褪去，恢复平时的沉稳状态。"我画了个绿绿的太阳，挂在夏天的天空……春天，春天的太阳该画什么颜色呢？哦，画个彩色的。因为春天是个多彩的季节……"

我在教室巡视一圈，同学们全身心投入到课文学习中，有的边读边标注段落，有的边读边画词语，有的标注出夏天、冬天太阳的色彩……交流汇报时，张一凡声音洪亮，语言流利，思路清楚。拓展延伸环节，我让孩子们说一说："如果给你一盒水彩笔，你想画一个什么颜色的太阳？为什么呢？"有孩子说，要画一个橙色的太阳挂在天空，橙色的太阳温暖又不是很晒。有孩子说，要画一个绿色的太阳，保护眼睛……孩子们热情高涨，教室里像炸开了锅。

下课后，我带着张一凡和他给我的葵花籽一起回到办公室。张一凡告诉我，哥哥今年要参加中考，所以他妈妈从深圳回来了，而且以后就在杨凌上班，从今天起妈妈可以天天接送他上学。葵花籽是妈妈炒给他和哥哥吃的，他觉得妈妈炒的葵花籽和平时买的味道不一样，有妈妈的味道，所以想让我也尝尝。小家伙再不是平时的"闷葫芦"，像打机关枪一样讲述他的喜悦，离开办公室时还来一句："老师，您尝尝吧！我妈妈炒的瓜子真的很好吃呢！"

看着张一凡开心的模样，我的心情轻松了许多，我们班又一个留守儿童回归爱的怀抱。我把张一凡给我的汗津津的瓜子拍照，传至家长微信群，附上简短文字："这几粒带着体温的瓜子，让我深深感受到孩子对父母陪伴的那份期待。"家长群短暂的沉默后，瞬间回复满屏。

老师再多的爱，都无法代替父母在孩子心中的地位，希望家长们尽可能陪伴孩子一起成长，送他们第一次坐校车，和他们一起过六一，教他们第一次做手工，陪他们走过成长门，看他们行成人礼……成长需要时间，需要历练，需要陪伴。孩子们跌倒的时候，我们可以不去拉，但是我们要看着他们怎么爬起来。孩子成长的过程中，既需要"精彩极了"慈母式的鼓励和支持，也需要"糟糕透了"严父式的批评和教育。

家是温暖的港湾，为人师者，为人父母者，无论何时都要秉承爱的信条：热爱学生，热爱孩子，用挚爱感化教育，用行动示范教育。爱是生活中多彩的太阳，爱会让一个个鲜活的小生命绽放出芬芳的花朵。

原载于2019年6月26日陕西教育新闻网《教师美文》

享受苦乐人生

2020 年初，一场新型冠状病毒疫情席卷中华大地，为了避免疫情扩散，我和我的学生们也加入到全国人民齐心协力抗击疫情的战斗中。医护人员、消防员、警察、社区工作人员坚守工作岗位，为我们守护一片净土。作为老师和学生，我们居家隔离就是为社会作贡献。

疫情防控时期，居家隔离的我们远离往日校园的喧嚣和欢闹，上课、课后辅导、批阅作业、班会、少队会、晨会等不再是我们日常工作的主旋律，孩子们乐此不疲的欢声笑语也消失在耳边。收看名师网课、备课、录视频、当主播、网上解答学生和家长的问题、统计学生健康信息、上报学生流动轨迹，这些成了我们老师每天的主要工作。

闲暇之余想念孩子们一张张童稚的面孔，睡梦中被孩子们早读时此起彼伏的读书声唤醒，想念和“小熊宝”们一起做操、跳绳、打篮球的每一个日子，做午饭时眼前不断跃出课堂上学生们争辩问题的热闹场面，晚上泡脚时“小熊宝”们曾经的经典笑料让我忍俊不禁笑出声音。就连平日孩子们的淘气、顽皮、惹是生非，都因为长时间的不见而变得那么让人牵肠挂肚……

昨日一场春雨呼朋引伴地招呼着悄悄绽放的花蕾们投入春天的怀抱，疫情播报数据一天天趋于平稳，人们的生活、工作也逐渐步入了正轨。但是孩子们，老师希望你们尽量避免出门，因为疫情还没结束，我们只有继续坚守，配合国家，才会早日实现复课复学的愿望。今天隔着阳台的窗玻璃，我摊开曹文轩先生的《青铜与葵花》，纵情享受着太阳温柔的抚摸和文字的油墨香。阅读使我明白：苦难不可避免，每一个时代有每一个时代的苦难，当苦难、挫折来临时，我们要学会勇敢面对苦难，学会淡定优雅地与苦难结伴同行。哑巴青铜、孤儿葵花，他们亲如兄妹，在苦难的岁月中正视痛苦，享受快乐。

孩子们，距离我们学校相聚还有一段时间，希望你们严格按照学校的作息时间加强自律，安排好自己的生活和学习。你们熟知的鲁迅先生，他把别人喝咖啡的时间都用来写作，最终成为伟大的文学家、思想家。最近朋友圈很流行这样一句话："不怕班里有学霸，就怕学霸放寒假。"想必你们也有这样的体会，自己一直想追赶的学霸，怎么都追不上，那是因为班里学习好的同学每次放假都不曾放松自己的学习。大家每天都是 24 个小时，学霸们只是充分利用时间，多读书、多做题罢了。如果你每天也能少看会儿电视，少玩会儿游戏，多花些时间学习，多一些时间思考，你也一定会有提高。如果你比学霸更努力，一定会缩短和他之间的差距。

读书虽苦，但不读书更苦。读书可以开阔视野——俗话说，站得高才能看得远。一个人热爱读书，坚持读书，就能了解世界，就能站在高山之巅看远处，透过书本看世界。读书可以明理——多读书，可以使我们增长知识，在大是大非面前，有主见，不随波逐流，更不会人云亦云。读书可以静心——社会在发展，各种诱惑纷至沓来，坚持读书的人，面对各种诱惑，可以做到身处闹市心如止水。读书可以强身健身——信息时代处处充满竞争，如果你们希望自己素质高一点，形象好一点，能力强一点，将来步入社会有更强的竞争力，那从现在起，就必须好好读书，读好书，充实自己，提升自己，丰富知识，增加营养，养成勤于读书，乐于读书的良好习惯。

我们永远不知道苦难和幸福哪一个先到，生命有限，知识无穷。人生差别在读书，我们既要勤读书，还要善思考；既要择书而购，还要择书而读；既要去粗取精，又要细细品味。疫情在继续，阅读可静心。让我们一起与书为友，在阅读中提升自我，发展自我，在读书中享受我们的苦乐人生。

原载于 2020 年 3 月 24 日陕西教育新闻网《教师美文》

蒲　公　英

杨老师再次告别身边的同事和孩子们，恋恋不舍地抬脚坐进车内，缓缓拉上了车门。雨雾中，一朵又一朵绽放的“花蕾”随着杨老师乘坐的车辆慢慢移动。孩子们伸长脖子，一双双眼睛竭力穿过车窗，看一眼再看一眼，他们爱戴的杨老师。车内，杨老师早已泪眼蒙眬，眼里心里溢满了对学校、同事和孩子们的不舍和留恋。

当杨老师乘坐的小轿车缓慢驶出学校大门的时候，送别的同事们满脸凝重，孩子们脸上早已挂满了水滴，有雨水也有泪水。绵绵的秋雨悠然地下着，向大地由衷地诉说着不忍离别的无限话语。大门外边的师生早已自发地悄然排成了两行送行的队伍，队伍里有老师，有学生，也有家长。一些雨伞不知何时已经飘出了师生们的手心，在地上静静地等待着自己的主人。雨幕中，人们向杨老师挥手告别，目光齐刷刷追随着杨老师乘坐的车辆远去。

入秋以来，灰色的天空就像一个伤心欲绝的孩子，脸上天天挂着泪珠，有时晚上下雨，有时白天下雨，有时晚上接着白天的雨“唰唰唰”地下个不停。操场的柳树叶落了一层又一层，干枯的柳条儿挂着雨水委屈地飘荡着。树上半绿半黄的银杏叶被连日的秋雨洗刷得干干净净，几片已经变黄的银杏叶打着旋缓缓飘落。西墙角几朵已经干枯的蒲公英缩着脖子，一扫往日的欢愉，落寞地注视着身边的一切。孩子们开学初就知道杨老师很快要去北京治病，孩子们有的给杨老师送卡片，有的送鲜花，班长悄悄组织同学们给杨老师亲手制作留言册。留言册上有全班 60 个同学、62 个家庭的祝福和期待，第一页是全班同学的签名和一颗红心，最后一页是家长的签名和祝福。每个孩子在属于自己的那页上，用图画、文字精雕细刻着对杨老师的深情祝福和牵挂。当班里最爱哭鼻子的小刘迪（化名）拥着杨老师哭闹着：“老师，我们不要你走！”文艺委员李灿（化名）一把就拭去她的眼泪：“老师看好病很快就会回来的，回来还给我们继续上课。”杨老师带了他们整整五年，十个学期，若不是身体原因，杨老师应该还有六年才退休。

孩子们只知道杨老师身体不好，只知道校长和杨老师的家人多次陪杨老师去省城看病，杨老师每次住院回来继续给他们上课，陪他们度过校园每一个日出到日落的快乐时光。他们不知道这次是市教育局给杨老师联系的北京协和医院专家团队，孩子们也不知道各级领导在得知杨老师会诊结果后的沉重心情。几个男生追着慢慢行驶的小轿车跑动。雨越来越大，这时上课铃声打破了沉寂的校园。地上的花折伞一把又一把慢慢被主人撑起来，师生们迈着沉重的脚步慢慢走向教学楼。

杨老师热爱教育，学生喜欢杨老师不只是因为他的语文课出彩，更主要的原因是杨老师对学生发自内心的爱。杨老师不仅教书，更注重育人。他时常对青年教师说的一句话就是：“教学生要先跟娃娃们交心。娃娃们爱你，才会爱上你的课。”对于表现好的学生，杨老师有时候奖励一次领读机会，有时候奖励一本自己写的签名书，有时候奖励一只学生喜欢的小动物。杨老师的语文课是张扬个性、点燃梦想的课堂。如果说杨老师是一条波浪翻滚的江河，孩子们就是江河里跳跃着的浪花。

杨老师与学生相处中有时尽显教师岗位所赋予他的威严与肃穆，

有时却低下身子，微笑着以初出茅庐者的视角望着一个个可爱的小不点们的种种“顽劣”行为。当数学老师给杨老师告状：“杨老师，咱们班谁谁又在课堂上……”杨老师淡定地笑着安慰：“不要着急，娃娃们小，你要看到他们身上的优点。”杨老师从来不急不恼，始终显示一个智者的宽广胸怀。

教育工作是平凡的，选择了教育就是选择了给予和奉献，在教育这个美丽的岗位上，我们一代又一代小学老师犹如杨老师一样，像漫山遍野的蒲公英，载着孩子们的童话梦沐浴阳光，耕耘诗行，放飞梦想。云卷云舒间，星月变化不停，在清浅的时光里，我们一代又一代的老师徐徐走过一个又一个四季。

田野里、小路边、城市水泥地面的夹缝里，一朵一朵的蒲公英不知疲倦地竞相开放着，锯齿形的叶片贴附着地面，绽放着娇小嫩黄的花朵，其间一株或两株的蒲公英种子似小伞、似绒球般挺立着身躯，它们在微风中轻轻摇曳着，向空中飞去。太阳的余晖中，我似乎看见杨老师踏着暖暖的春风，迎着初升的朝阳，在学校的柳树下组织学生们晨读……

原载于 2019 年 1 月 9 日陕西教育新闻网《教师美文》

赴一场乡村教育的盛宴

德国诗人荷尔德林说："人生充满劳绩，而诗意地栖居在这大地之上。"城乡教育差别巨大是现实，改变这种差距是每个教师的光荣使命。振兴乡村教育，实现优质资源共享，需要城区骨干教师用行动来实现。只有不断改善农村学校生活、教学条件，充分激发教师的责任心、使命感，才能鼓励城区教师们自愿"落户"乡村学校，才能有更多的骨干教师心甘情愿地赴一场乡村教育的盛宴，谱写一曲落地生根的乡村教育之歌。

2018 年新年后，为了响应杨陵区乡村教育振兴战略，实施优质资源均衡发展战略目标，我带着杨陵小学四名骨干教师克服家庭困难，赴杨陵小学托管的乡村小学——蒋寨校区（原名蒋家寨小学）带动其长足发展。一起在蒋寨这所乡村小学工作的 400 个日子里，我们携手共进，互相鼓励，共同耕耘在杨凌乡村教育这片贫瘠的土壤上。

春季开学预备会后，我们就步入每天奔波城乡的教师队伍行列，因为蒋寨校区距离城区 10 多公里，家住城区的老师每天都是两个"6"作息点（早晨六点多出门上班、晚上六点多回家）。一大早我们就踏着晨曦从各自的生活小区匆匆出门，驱车去乡村学校开启一天的工作之旅。

到学校后，给孩子们发放营养早餐、跟早读、上课、批阅作业、社团活动、集体办公……午餐大家全部在学校食用，每天下午放学后，开展教研活动或者组织教师集体备课，再结伴拼车在夕阳余晖中踏上回家之路。一路上与进城打工的乡下人迎面而遇："老师，你们放学了！""老师，你们回家了！路上慢点哦！"乡下人话语不多，但是真诚、朴实。

从城区学校到乡村学校，我们需要经历一系列的适应过程：农村学生流失严重，属于小班化教学，但是学困生扎堆，大量的留守儿童和单亲家庭孩子，他们的学习问题、生活问题、心理问题都需要采取相应的策略。

来自城区的我们尽管提前做足了"功课"，有充足的思想准备，但是硬件条件滞后还是给教师们带来生活、工作上的种种不便：没有供暖设施的教室，肮脏的厕所，满校园的杂物、灰尘、垃圾。与处于城区的校本部相比，巨大的反差让老师们心灰意冷，作为交流教师"领头羊"的我，首先要解决的是教师们的思想问题，其次是学校硬件设施的改变、学生的发展和养成教育问题。

振兴乡村教育需要我们有坚定的勇气，作为校长的我首先不能泄气。简短的开学工作会后，我戴上帽子，挽起袖子，给老师打气："我们一起干吧！保证一周后开创一片新天地！"一所学校要留住教师的身，首先要稳住教师的心，给教师创造一个温暖的"家"。我们全体教师加入到打扫卫生的学生队伍中，尘土在飞，我的思想也在飞速旋转，要尽快改变学校的校容校貌，这是一个学校的脸面。短时间要分布实施：第一，尽快整治校园卫生；第二，落实老师们的办公室和休息室；第三，联系教育局项目办，解决学校用水问题。

坚持需要毅力，因为对乡村教育的一份责任，作为一个乡村学校的小"管家"，我没有发号施令，更没有摇旗呐喊，而是选择了担当，选择了率先垂范。全体领导班子现场办公，全校师生一起动手，连续三天，集中整治校园卫生，周末联系保洁公司用专业工具彻底解决厕所常年积累的陈年污垢。

每天放学时间，值周领导和值周教师都要强调路队、卫生、纪律，一点一点规范学生的行为规范。开学第四天，学校的卫生死角消除殆尽，窗明几净，垃圾箱和门窗擦洗一新，厕所冲洗干净后全部放上新添置的垃圾筐，垃圾筐上再套上塑料袋，严格要求学生必须手纸入筐。从细节入手，规范各班教室和教师办公室物品摆放，给各教室配备张贴栏，统一规范张贴栏张贴内容。规定全校卫生角的建立，清洁用具焕然一新，摆放有序。经多次联系，新建教室的天窗玻璃终于在四月份安装到位。

开学两个月，我每天都在学校角角落落巡查，发现问题即刻整治，对于学校卫生，我的要求是：公开场合不设垃圾桶，但是学校绝对不允许有垃圾，用这种办法彻底改变农村学生随手乱扔垃圾的坏毛病。

通过整治卫生和学生路队问题，我最大的感受就是："守正笃实，久久为功。"困难面前不能退缩，发扬愚公移山的精神。严格要求需要极强的执行力和不断督查来配合，改造一个旧学校比建设一个新学校付出的心血更多。在教育局和校本部的大力支持下，我们添置了新桌凳、一体机、空调、窗帘、悬挂式小白板、拖把池等，修建水龙头、改建部室楼、调整教师休息室，解决远路教师的休息问题。改善办公条件、安装电暖板解决取暖问题。阳春三月，我们全体教师利用星期天翻地，种植花草树木绿化美化校园。经过考察学习，实施校园文化工程：醒目的校训点缀着整修一新的教学楼，楼道、教室内外、学校围墙也装点上适合乡村学校的校园文化装饰。如今的蒋寨校区，鲜花盛开、树木葱茏，温馨的校园成了孩子们的欢乐家园。

学校要发展，教师队伍是关键。为了提升教师素质，常态化听课、练课；给教师们搭建平台，通过组织赛教活动、开展教师硬笔书法、粉笔字比赛以及朗读比赛等活动，提升教师业务水平和课堂驾驭能力。全体领导班子成员深入课堂，听课、评课，现场指导教师课堂教学，培训教学论文撰写方法，给青年教师教课堂组织教学的方法，规范学生课堂行为，引导老师们通过游戏、语言、创设情境等方法提高学生课堂注意力。农村学校缺教师，于是联系西北农林科技大学给我们选派一名优秀的音乐教师，我们的第一个社团——合唱团开始排练，每周两节音乐课，让乡村孩子接受正规音乐教学。我们的乡村小学合唱团首次在杨凌国际会展中心汇报演出，在杨凌示范区组织的社会主义价值观少儿组歌比赛中，我们的孩子们第一次登上大舞台，我们的团队荣获三等奖。

天有不测风云，暑期八月八日晚上，一场大雨导致学校东西两边围墙全部倒塌，学校院子、操场到处都是泥浆。距离开学只剩二十天时间，我们边维修围墙，边清理校园泥浆：用铁锨铲，用耙子刮，用车拉，用水冲，一遍又一遍，开学时，我们的校园杂草清除干净，操场、前后院子亮丽如新。第二学期，我们的第二个社团——美术社团也开始正式活动，我校的骨干教师李老师主动请缨，发挥自我特长，用鸡蛋、树叶、泡泡泥等农村常见资源给孩子教手工制作，在第一届农民丰收节活动中，蒋寨学校的学生进行蛋雕现场展示，赢得社会广泛好评。

学校质量要提升，就要提升教师的精、气、神。规范教师着装，要求教师以良好的精神风貌走进教室。抓细节，重过程，亲力亲为，用行动感召老师们从骨子里改变不良习惯。我认识到：如果我们的教师都有“一入师门情似海，用心耕耘心中爱”的教育情怀，学校的教育质量则无须校长担忧。

乡村学校管理要宽严结合，纪律和教学上一定要严格，但是教师管理要实行人性化管理。加强考勤，要求全体教师严格遵守作息时间，实行宿、办分离，杜绝课堂挂空挡现象，实行东西路队一条线，班班有人送，终点有检查的路队负责制，确保学生上下学安全有保障。教育教学重视过程管理，适时给教师减压，以免教师过分追求教学成绩而忽视学生综合素质的提高。六月下旬复习迎考期间，学校跟踪复习课堂，严禁布置反复性作业，督促教师精讲精练，切实用好纠错本。学期末考试后，分校的三科成绩高于校本部级部平均分，其余成绩在蒋寨校区原有基础上大幅度提升，突破了区局领导要求我们全区质量检测进步三名的要求。这些成绩的取得归功于老师们的辛勤付出，源于我们教师对学生的热情鼓励和耐心辅导。鉴于乡村教师家里都有农活，在农忙时节允许教师利用课余时间赶农活，体现了教师管理的人性化。

骨干教师到乡村学校任教，对教师而言也是一种锻炼和提升。在平凡的乡村教学生活中，成就了更好的自我。乡村孩子的淳朴和善良无时不在感染着我们老师。冬日寒冷的早晨，学生会给老师塞一个热气腾腾的烤红薯；秋日收获的季节，孩子们用一个煮熟的玉米棒、一个香甜的苹果传递着对老师无限的热爱和尊敬。蒲晓文（化名）同学家庭情况特殊，父亲精神分裂，母亲离家出走，爷爷奶奶常年有病。得知这孩子没有夏天衣服穿，我们张帅（化名）老师把女儿的衣服给她包了一大包袱，放学后亲自给送上家门，得知孩子奶奶住院，爷爷去医院照顾，学校教师轮流住校照顾她。

在蒋寨校区，我们深深感受到组织和朋友的关心，领导们多次到我们蒋寨校区来指导工作，从物质到精神给予我们支持和鼓励，领导们每次来都会问："有困难么？有难处就说。"陕西省教育厅领导来我们学校检查，还特意安排教育局领导要关心支持乡村教师的生活和健康。领导的关心、朋友们的友谊之手和家人们的热情帮助，让我们时刻感受到自己背后有一个强大的组织！因为有大家给我们托底，我们才会在乡村振兴教育之路上努力工作每一天。

"千帆竞发春潮涌，百舸争流正逢时。"一个人遇到好老师是人生的幸运，一个学校拥有好教师是学校的光荣。振兴乡村教育，需要源源不断的好教师，只有不断改善办学条件，创造教师安居乐业的育人环境，才能让教师享受教育，享受美丽人生！

教学札记

JIAOXUE ZHAJI

教而不思则殆！教师要养成反思的习惯。教学过程中的疏漏、错误，学生对知识的掌握情况，教学重点、难点的把握，教学方法是否合理，处理问题是否得当等，都是教学札记的内容。

青春最美的样子

诗人艾青在《我爱这土地》中写道："为什么我的眼里常含泪水？因为我对这土地爱得深沉……"因为生命与土地一起生长的情感基因，黄文秀——北师大硕士研究生，她毕业后放弃大城市工作的机会，毅然回到家乡百色工作，在我国扶贫攻坚战这场战役中，她用自己的实际行动谱写了一首秀美人生的壮丽诗篇。

有的人从山里出去，就永远不会再回来，黄文秀跳出了"农"门，她本可以在导师的建议下，留在大都市幸福地工作和生活，但是她毅然选择了回到家乡，选择了把青春奉献给抚养她长大的家乡的青山绿水。回到家乡后，她原本可以留在百色市委宣传部安心工作，她却又一次选择了从城市里出来，加入我国扶贫攻坚的队伍中，担任了乐业县百坭村"第一书记"，然后就再也没有离开这片融入了她生命和深厚情感的土地。

爱美是每一个女人的天性，但是面对百坭村的房屋"破"、百姓"苦"、穷人"懒"的现状，她脱下漂亮的时装和高跟鞋，每天穿着工作服和运动鞋穿梭在农户、田间、山头，给每个贫困户建档立卡，了解每个贫困户的致贫原因。她和扶贫小组的伙伴们共同努力，帮助黄大贵打开心结，鼓励他走出小屋的黑暗角落。黄大贵趿拉着拖鞋爬上山头放眼望去：刺眼的阳光、黑压压的山石、对爱人桂花和未曾谋面的孩子的歉疚，让这个庄稼汉放声恸哭，他决心和曾经心灰意冷的自己决裂，给自己生命中三个最重要的女人（母亲、桂花、女儿）一个完整、幸福的家。黄文秀用自己洁白的小汽车拉着黄大贵闲置已久的旋耕机行进在百坭村颠簸不堪的道路上，疙疙瘩瘩的乡间小路正如黄文秀扶贫的道路一样充满艰辛，但是“不全面脱贫决不收兵”的决心足以瓦解所有的艰难困苦。黄大贵这个朴实的庄稼汉几经努力终于“拉响”旋耕机，开始“耕耘”他的新生活：种植药材，发家致富，接回妻子、女儿，走向小康。黄文秀贷款购买的小汽车在扶贫路上行驶了两万多公里，这个漂亮女孩的汽车进城时，车上拉的是帮村民们销售的鸭子、鹅、蜂蜜、土鸡蛋等土特产，她的汽车既是百坭村村民的公用车，也是百坭村村民脱贫致富的桥梁。

百香山上拓荒种植的橘园里，黄文秀像普通农妇一样，绾起头发，在太阳的暴晒下熟练地疏花疏果，透过树丛的阳光照着汗流满面的她。黄文秀像千千万万的农民一样用手背拭去额头的汗水继续劳作。村民们在贫困中拓荒，百香山上繁茂的橘树郁郁葱葱，展望丰收的笑容在村民们脸上浮现，带领村民脱贫致富的“领头羊”的足迹遍布百香山每一寸土地，她青春最美的样子是劳动，她的美绽放在百坭村每个村民的心中。

大雨滂沱的夜晚，黄文秀和她的“战友们”踩着泥泞爬山，把斑大叔和他的两个孙子接回村委会，斑大叔和两个小孙子在温馨四溢的小屋里安然入睡，黄文秀和她的伙伴们围坐在火塘周围，边给爷孙三人烘烤被雨水淋透的衣服，边交流百坭村急需解决的桥面坍塌问题。当火红的炉膛映照着伙伴们东倒西歪熟睡的身影时，黄文秀盯着斑大叔小孙子的那顶红帽子陷入了深思……历经磨难的斑大叔终于决定重新“出山”，黄文秀用车拉着祖孙三人下山住进安置楼，这位老银匠拿出银匠工具仔细擦拭，他的银匠铺第一单生意就是黄文秀要回报母亲的银手镯。黄文秀返回百坭村的行车途中，车窗外青山绿水景色宜人，水面上翩翩起舞的蝴蝶令她驻车良久。百坭村一个个精准扶贫对象就像纷飞的蝴蝶一样走向新生，百坭村的土特产成了热销产品，橘子和中药材通过电商走向全国各地，百坭村垮塌的桥梁问题有了解决办法。百坭村越变越美，老百姓生活越来越富。混合着雨水流淌汗水和泪水，深入群众、知恩图报就是黄文秀青春最美的样子。

黄文秀在百坭村工作期间，她吃住在村子，帮助老百姓解决根源问题，为老百姓硬化道路、安装路灯、修建水池、修建桥梁、发展产业、开通电商……她热爱家乡，她心里始终装着老百姓，她一步一个脚印行进在扶贫攻坚道路上，她用满腔热血谱就秀美人生。2019 年 6 月 17 日，她从百色市返回乐业县途中遭遇山洪不幸遇难。影片《秀美人生》中一句催人泪下的经典台词："你的勇气来自哪里？我的勇气来自我的生命与土地一起生长的情感基因。"黄文秀的生命定格在她三十岁最美的青春年华，来时她惴惴不安，怕自己不够坚强，走时她匆匆忙忙，不曾和父母双亲细细话别，就被山洪无情地侵吞了年轻的生命。她把最美的韶华留给了百色的大山，她把最深的记忆留给了百坭的父老乡亲。她用生命和热血回报了生养自己的家乡和人民。

青春是用来奋斗的，青春最美的样子是抗日战争时期"八佰"壮士的英勇就义，是和平年代绿色军营的飒爽英姿，是扶贫攻坚战中领导干部深入群众的细致入微，是防疫抗灾时中国人民铸就的钢铁长城……已过青春时期的你、我、他，也应该不负时光，不负自我，树立为国为民的家国情怀，身为教育人，积极服务学校，服务教师专业成长，服务学生健康成长。做志存高远、脚踏实地、砥砺前行的奋斗者！

原载于 2020 年 10 月 26 日陕西教育新闻网《教师美文》

做孩子心中的那束光

成年的我们之所以刚强，不是因为我们的生活一天天变得轻松，而是经历的磨难让我们一点点变得坚韧。为人父母者无论是生活还是工作都有过些许的起起落落，没有经过任何岗前培训的父亲或者母亲，当升级为家长的那一刻，就充分体现了“为母则刚，为父则强”。因为天下第一情——亲情，作为父母的我们学会了勇敢，学会了担当，学会了包容，学会了理解，学会了付出……

在陪伴和教育子女成长的过程中，父子、母子间总会有些磕磕碰碰。亲情就像唇齿，既有和睦相处时的平和，也有不经意间的摩擦，偶尔锋利的牙齿还会咬破嘴唇。人生是没有返程的长途旅行，家庭教育中总有些遗憾要留给岁月，当孩子们学会独立面对纷繁世界的时候，也就理解了父母所有的良苦用心。作为家长，我们必须耐心等待，等待一棵棵幼苗慢慢长成参天大树。所以，我们不妨做更好的自己，成为孩子的榜样，伸长脖子向前看，向远看，做孩子心中那束光，像汪洋大海中的那盏灯塔，照亮他们前行的路，引导他们心怀梦想，迈着坚毅的脚步奔向远方。

电影《了不起的老爸》以肖大明和肖尔东之间的父子亲情为明线，以马拉松为暗线，再现亲情、友情、梦想、陪伴、鼓励等对孩子成长的作用。影片直观再现了中国式父子间的微妙关系：肖家父子彼此心中有爱，但从不主动沟通交流，他们之间充满着共存和对抗的关系。父亲肖大明是一个固执的出租车司机，他逼迫儿子从小预习“盲人生活”。他希望为先天有重疾的儿子肖尔东安排好一切，希望儿子在失去视力的那一天能适应黑暗生活，从而多一些快乐，少一些痛苦。但是儿子有着自己的爱好和梦想。父亲肖大明一直以“为你好”的方式安排着儿子的人生路——要求他从小走盲道。他百般阻挠儿子参加长跑，执意让儿子去学钢琴，并锻炼他盲弹的能力。为了换一台好钢琴，他省吃俭用，开出租车接别人不愿意拉的活儿及夜班长途。

因为缺乏沟通，因为彼此的不理解，生活中有多少父母的爱不被子女接纳。父母对子女太过浓郁的爱却成了孩子们的负担，他们消极应对，百般找茬，故意顶嘴，和父母唱反调，有的不理睬父母，甚至产生破坏性行为。这些家庭，父母和孩子共处的时候，沉默多于交流，对抗多于顺从，烦恼多于快乐。父母为自己的付出得不到回应深感委屈，子女因为父母爱的绑架而疲惫不堪。

电影的主人公肖尔东是一个阳光、帅气、爱运动的大男孩，因为母亲的培养，他特别喜欢长跑。他坚持长跑，既是为了达成已故妈妈的心愿，也是为了实现自己的梦想——参加马拉松比赛。他偷偷报名参加了马拉松，希望能有机会进入马拉松国家队，但在赤脚长跑的过程中意外发病，陷入无限的黑暗之中，他沮丧地窝在朋友狭窄的卧室里不吃不喝、不出门，他几乎放弃了对生活的全部希望。

肖大明为了帮助儿子振作起来，他假装哑巴护工赵师傅照顾儿子，在照顾失明儿子的过程中，他用手机语音播报和儿子进行对话，小心翼翼地走进儿子的内心。因为陪伴，他慢慢懂得了儿子，理解了儿子。父子间的沟通从“你想干吗都行”拉开了一场“错位”式的父子关系。沉默的老爸推着儿子上坡、给儿子点烟、放自己汽车轮胎的气，所有的低声下气里饱含父爱。为了帮儿子圆梦，他陪着儿子一同长跑，“肖尔东能跑，老子就能跑，我是他爸。”朴实的语言尽显父亲的无条件支持和决心。

作为父亲的肖大明，他的所作所为值得我们每一个家长深思：该怎样爱我们的孩子？包办还是帮扶？管教还是引导？训斥还是沟通？父母对孩子的爱应该是无保留、无条件的爱，父母要用言行向子女表达真挚的爱。作为父母，很多时候我们都以爱的名义“绑架”了孩子，因为溺爱孩子，我们成了“保姆式”的父母；因为严厉，我们动辄对孩子“发号施令”；因为管得太多，有一天我们惊奇地发现父子（母子）情在一天天疏远，甚至冷漠。

《了不起的老爸》是一部喜剧电影，观众却是带着泪笑，其中有激动的泪，也有幸福的笑。肖大明为了走进孩子的内心，他白天陪着肖尔东训练至汗流浃背，晚上还要通宵跑车，这位了不起的老爸为了儿子的重生，他的字典里抹去了“不可能”三个字。“不放弃，就一定能看到终点”，是肖大明与肖尔东父子并肩起跑的宣言。为了让不认命的儿子“闭上眼睛也能振翅飞翔”，他拖着肥胖而又挫伤的身体，坚持与肖尔东并肩奔跑在马拉松的赛道上。这对“跑起来”的父与子，在解说员、朋友、同事的加油助威声中，“心往一处想，拧成一股绳”，他们“一路陪伴，并肩前行”。父子“陪跑”的特写镜头让细腻而伟大的父爱得到了一次又一次的升华。肖大明“跑崩”时，毅然松开陪跑绳让肖尔东沿着白线独自奔跑，他鼓励儿子“跑赢自己”。正如导演周青元所言：“电影所要描述的绝不仅仅是马拉松这项运动本身的精神，更打动人的其实是背后的故事和对命运反击的精神。”肖家父子马拉松赛场上的“勇敢追梦”将马拉松比赛延伸到日后的生活，肖家父子马拉松赛场上的“步调一致”体现了父子情深的温馨场面。

肖大明放开陪跑绳，鼓励肖尔东跑完马拉松，不仅是一位父亲对儿子的放手和鼓励，也是希望儿子勇敢地面对今后的生活。因为他知道，儿子生活中要真正面对的将是一场更加漫长的人生马拉松比赛。身为父亲的他坚信：心中有光，自会脚下有路。肖大明放开陪跑绳后，肖尔东沿着充满希望和亲情的马拉松白色赛道，在母亲的幻影召唤下，带着父亲的嘱托，在汗水和泪水的交织中，坚持跑完马拉松全程，他超越了自我，跑赢了人生。

肖尔东勇敢地接纳了自己失明的现状，慢慢适应新生活，愉悦地走向未来。肖家父子平凡而快乐的日子还在继续，虽然肖尔东眼前是黑暗的，但是父亲的高大伟岸、母亲的阳光自信照亮了他的人生之路。肖大明是所有父亲的缩影，人生不易，每一个父亲和母亲都是指引孩子前行路上的那束光。父母虽然给不了孩子更好的，但是给孩子的一定是他们所拥有的最好的。

父母良好的性格、健康的情绪、适时的帮助、正确的引导、发自内心的尊重，有助于培养健康、乐观的孩子。父母作为孩子成长路上的引路人，要舍得让他们经受风吹雨打，要鼓励他们勇敢地面对生活中的苦乐酸甜，培养他们树立规则意识，指导他们学会明辨是非，教育他们谦虚谨慎，鼓励他们敢于承担责任。只有大胆放手，才能让孩子的生命绽放光彩。

未来可期　当下作为

——《未来学校》读后感

我们常常说“铁打的校园，流水的学生”，身为教师的你可曾想过，当有一天“铁打的校园”变成流水的校园，我们该如何应对？如果有一天我们觉得天经地义的学校生活，因为互联网，因为信息技术的发展，未来学校的形态发生改变，未来的教学模式发生改变，我们又该何去何从？

社会的发展必将促使教育变革，作为教育人唯有主动迎接、主动介入才能适应时代的发展，才能向着我们期待的未来学校发展。在朱永新老师《未来学校》一书中，我看到未来教育的趋势，看到未来新的教育世界。时间在不紧不慢地向前行进，孔夫子曾说过“逝者如斯夫”，曾经人们梦想着像自由飞翔的小鸟一样飞向蓝天，如今，载人火箭已经让人类飞向太空探索奥秘。世界发展很快，措手不及间未来就会成为现实。曾经儿时的我们，夏天的夜晚在村头乘凉时，坐着小板凳仰望着天空的繁星，听爷爷、奶奶讲嫦娥奔月和牛郎织女鹊桥相会的故事。随着阅历的增加，知识的丰富，我们懂得神话和民间传说中蕴含的爱和希望。

现在的学校制度规定，以每年 9 月 1 日为准入学，学生一定要满 6 周岁进入小学一年级，每天早上按照作息时间上学、放学。这种学校模式虽然为我们带来过丰硕的果实，但是积弊甚深，程式化生产的人才已经不能适应现代社会的发展趋势，因此越来越多的声音在探讨学校与教育的其他可能。

朱永新认为，在未来，传统的学校将会消失，并被学习中心所取代。信息化时代，学生、成人的学习将是突破时空限制的“泛在学习”，传统的有固定时间、固定地点的学校学习模式将逐步被取代。所谓的学习中心，可以是网络型，也可以是实体型。实体型的学习中心有的是从现在的学校转型而来，有的是从现在的各种培训机构、社会教育机构转型而来。未来的学生，不像现在只在一所学校学习，而是在不同的学习中心学习。未来的学习内容会更加丰富、更加综合。学习将更侧重个体的个性化学习，班级、年级、教室等概念会进一步重构，包括高考在内的考试与评价体系也会发生变化。

未来学习中心不仅是一个“应当如此”的理想，还是一个“肯定如此”的预判，这样的未来有多远？让我们用心思索，重新定义教育，重新审视我们的学识和专业素养，当这一切随着时间的推移成为现实的时候，身为老师的我们该拿什么给我们的孩子？

未来可期，老师作为筑梦人，要勤于学习，不断提升专业素养，跟上时代的发展，树立远大教育目标。“打铁还需自身硬”，身为教育人的我们要坚守教育初心，以高尚的道德情操、扎实的科学文化知识和一颗仁爱之心施教育人，这样才能在教育之路上越走越远。

原载于《教师报》第 2880 期 2020 年 9 月 23 日

做“入心”读书人，感悟万物之灵

一位哲人说过：“正是儿童承袭了人类最初的诗性性格，他们的智慧既指向眼睛看到的地方，也指向心灵看到的地方。”充分调动学生的这种潜能，让他们在欣赏中想象，在想象中感悟，在感悟中创造。创设情境不仅可以培养学生的欣赏能力，还培养了学生的个性与创造能力。结合我的“创设情境优化语文教学过程研究”课题研究，我在部编版小学语文五年级上册第一单元《珍珠鸟》一文的教学中，结合本单元的人文主题“万物之灵”进行教学设计，现就有关本课的教学情况进行反思，以此为后续研究提供借鉴。

一、感悟文本，理解大意

《珍珠鸟》是作家冯骥才的散文创作，描写了“我”为一种怕人的珍珠鸟创造了安逸舒适、自由自在的生活环境，使它们与“我”越来越亲近，说明“信赖，往往创造出美好的境界”。课文写得生动活泼，妙趣横生，很能引起学生的阅读兴趣。在指导学生阅读时，我结合以前的听课记录，从略读课文的角度出发，收放自如，该点拨之处予以点拨，该放手的时候大胆放手，收到了良好的效果。

二、感悟课文，体验真爱

通过初读课文，我发现学生都能感受到作者对珍珠鸟的爱。但要理解课文的最后一句“信赖,往往创造出美好的境界”,仅仅体会到“爱”是不够的。这“美好的境界”是什么呢？仅有“爱”就能创造出这美好的境界吗？显然，教师这时应抓住学生的初步感受，引导学生向纵深处挖掘，“珍珠鸟是一种怕人的小鸟，但它却不怕作者，为什么不怕？你是从哪儿感受到的？”进而让学生细读课文，体会作者对珍珠鸟“不一般”的爱——在老师的引导下，学生感悟比较到位。

三、结合重点词，感悟人、鸟的和谐

首先，我让学生找出最能体现“我”对珍珠鸟“特殊”感情的一个词语，即“不动声色”。然后我出示练习：“当（　　）时，我不动声色。”引导学生通过朗读，感悟人鸟之间的信任与和谐。培养学生抓住关键词、重点句理解文本，教学生学会略读和精读。

四、赛读课文，欣赏“境界”

在学生理解课文的过程中，我还注重培养学生对课文优美形象、深刻意蕴、丰富情感的欣赏能力，通过欣赏，获得审美享受、感情陶冶、精神净化。在教学课文第 12 自然段时，我让学生边想象鸟儿伏眠于作者肩头的情景，播放优美的轻音乐，用舒缓的语言引导：“在作者眼里，珍珠鸟实在是太可爱了。小鸟是幸福的，作者也是幸福的。小鸟趴在作者的肩头睡着了，‘我’轻轻抬一抬肩，它没醒，睡得好熟！还咂咂嘴。这是多么美好的境界啊！这多像一幅画啊，你能给这幅画起个名字吗？”学生的灵感被激发起来，有的说叫“惬意”，还有的说叫“信赖”。教师鼓励学生说说自己的创造性题目的缘由，并用充满欣赏和赞美的评价鼓励学生的创意。然后，引导学生在朗读中感受人、鸟和谐相处的美好画面，体验那份信赖所带来的极致境界！

在阅读教学中，教师要引导学生剥开各种表面形态看到它们的精神实质，其方法便是“感受、理解、欣赏、评价”。《珍珠鸟》一课，学生初读后似乎没有什么不懂，但作者借助语言、结构、手法等形式因素表现出来的思想内容却极为微妙，略读、泛读之后不能真正把握。所以，对于独立阅读课文，教师也要引导学生了解文章由形式到内容的真谛。逐渐培养学生的独立阅读能力，做“入心”读书人，在初读中了解文本内容，在再读中有所理解，在理解中欣赏作者，欣赏文本。在阅读中慢慢感受到阅读其实就是“你中有我，我中有你”的一种享受。

世间离别情万种，多有诗人诉心声

——以古诗《赠汪伦》为例谈离别诗教学

小学语文教材中，收录了许多送别诗，王勃的《送杜少府之任蜀州》一洗送别时悲酸之态，意境开阔音调爽朗；王维的《送元二使安西》中友人奉命去安西，他在渭城送别，色调清新、明朗，把一场深情的离别，写得轻快而富有情调；高适的《别董大》，是他发自肺腑的诗作，为真诚的情谊，坚强的信念，涂上豪放健美的色彩。李白的《赠汪伦》一诗，以比物的手法形象地表达了朋友间真挚纯洁的深情。“李白乘舟将欲行，忽闻岸上踏歌声。桃花潭水深千尺，不及汪伦送我情。”这首诗前两句叙事，后两句抒情。坦率，直露，自然而又情真。笔者以李白的《赠汪伦》为例，谈谈离别诗的教学：

一、运用故事导入，激发学生的兴趣

对于现在的小学生来说，要走入古代的生活情境是不易的，体会诗歌蕴藏的情感更难。因此，创设情境，奠定情感基调显得尤为重要。因此在教学本课前，笔者让学生通过网络、书籍查阅了有关作者简介及作品资料，新课一开始，先让学生介绍自己收集的资料，再从典故入手引入新课，通过资源共享，使学生对李白与汪伦有进一步的了解，并产生浓厚的学习兴趣。

二、让朗读架起师生情感交流的桥梁

有人认为“诗歌是情感的艺术，多媒体的介入，由于师与机、生与机的交流，往往会削弱流动在师生之间的情感”。其实不然，假如教师能把握住“朗读”这座桥梁，就能让多媒体成为“情感交流”的媒介。

“不及汪伦送我情”这一诗句饱含了诗人怎样的情感，怎样用朗读加以体现？带着这样的思考阅读有关诗人的资料，有关友人之间的故事，学生读出了李白为意想不到的相送“惊喜”，为了解自己的个性“感动”及读者对友人之间的情深“赞颂”等不同的情感，实现了师生、生生的情感交流。

三、课外延伸，拓展学习

离别诗感人肺腑，“世间离别情万种，多有诗人诉心声”。教师可以调动学生的学习积极性，结合古诗词诵读的活动，穿插表示离情别绪的诗句让学生进行课外拓展学习，从而激发学生学习的兴趣。在这一环节，教师如果提供古诗学习方法和几首送别诗，让学生动手任选一首自学，当学生遇到难点时，鼓励学生大胆质疑，对学生有针对性地进行引导，就能达到拓展学习，积累古诗的目的。

但是，本节课还有一些不尽完美的地方，今后的教学中要予以改进：

（一）学生的“读”不到位

对于古诗教学，应该回归“诵读”之本。诵读有利于孩子们理解古诗，有利于触类旁通，但本节课由于要展示的内容太多，诵读有点少。语文的本来面目还应该是多读。所以，在以后的各个环节的设计中，要力求多读多练，使学生能真正地在语文课堂上有所得，有所感，有所获。

（二）激励评价不够及时，不能有效激发学生的学习欲望

教师的评价有利于激发学生的学习积极性，今后的教学中要及时以精彩的评价语言和表扬方式，鼓励每一个孩子，促使他们积极主动参与学习过程。

（三）应鼓励学生大胆想象

古诗教学，应充分发挥学生的想象力，引导学生通过联想、想象，体会李白和汪伦之间的深厚情谊。本节课在这方面不够深入。

总之，小学诗歌教学要着力于朗读、背诵，重在积累。少一些无谓的分析，整个小学阶段重在提高学生品味语言的能力，培养学生的阅读欣赏能力以及语言文字的应用能力，在读中感悟中国语言文字的精妙，在潜移默化中提升学生的文化素养。

学童话故事　明做事之道

——《小猴子下山》教学反思

《小猴子下山》是统编版小学语文一年级下册第七单元的一篇趣味性很强的童话故事。全文构段有特色，课文配有五幅插图，图文对应，文字形象生动，有很强的教育意义。新课标指出：“提倡学生在读书思考的基础上讨论和交流，鼓励学生发表独立见解。”因此，教师在执教时，通过激趣导入，激发学生学习兴趣，再示范引领孩子们图文结合学习小猴子掰玉米这个自然段，教给学生学习方法，放手让学生自主支配课堂，组织学生在读中理解，在交流中感悟。小猴子看见桃子丢了玉米，摘一个又丢一个，最后空手回家。通过童话故事的学习，教育学生做事情要目标明确，学会取舍。

根据一年级学生的年龄特点和心理特点，六七岁的孩子好奇心强，有意注意力持续时间短暂。所以，教学伊始，教师先用视频小故事吸引孩子们的注意力，使他们尽快把注意力放到课堂上，同时将文本传递的故事内容给学生一个整体性的了解。接着老师指导孩子们边读边想，小猴子下山都去了哪些地方？做了些什么事情？让孩子们通过互助学习，自主把握课文内容。学习课文时，采取定格画面，五个段落的图画及对应文字，引导学生抓住关键字词学习小猴子掰玉米、摘桃子、摘西瓜、追兔子的做法，体会小猴子最后空手而归的沮丧心情。

教学中，教师作为组织者，创造民主、协作、自主的学习氛围，激发每个学生积极参与学习过程。

在学习五个自然段的过程中，随文“消化”生字、新词，教师通过板书示范指导生字写法，练习用词语说话等，培养一年级学生的识字、写字、说话能力。在字词教学上不但引导学生善于发现熟记字词的规律，还注重写法指导，关注从识记到运用的落实，提高教学的有效性。学习过程中遵循认知规律，点面结合，张弛有度。引导学生在词语中学习生字，在句子中理解词语，指导学生边学习边积累，为学生积累运用做好铺垫，帮扶着一年级小学生在习字成文这片语文学习的沃土中茁壮成长。

听故事、讲故事、演故事三个板块的教学，寓教于乐，有趣的道具、精美的头饰、规范的板书、活泼的音乐等，极大地调动了学生参与学习过程的积极性和趣味性，也营造了浓厚的表演氛围和情境，充分激发了学生的学习积极性和参与度，让学生仿佛在朗读和表演中看到了这只可爱的小猴子，一次又一次地摘、一回又一回地扔，最后小兔子跑进树林里，他只好空着手回家的落寞和难过。引导学生明白做事要有目标，不可三心二意，而要始终如一的道理。

教学中，出示生字词，重点句子，配乐朗读，都是给学生学习搭台子、铺路子，让学生一步一步学会学习语文，学会生活，懂得做人的道理。童话不但孩子们可以看，大人们也可以看，因此布置作业时，让孩子们回家把《小猴子下山》这个故事绘声绘色地讲给家长听，既锻炼了孩子的语言组织能力，又把课堂延伸到家庭，让家长在孩子的讲述中感受孩子的进步，从而关注孩子的健康成长和品德教育。

常态化课堂是永远留有遗憾的教学艺术，这节课生字词太多，教学容量大，导致上课拖堂，后边要注意调整教学内容。给学生创建宽松愉悦的学习氛围，便于孩子们在联系生活实际时思路更开阔。一年级学生生活圈子有限，说自己类似小猴子看到一样东西就丢了另一样东西时有点偏离主题，出现相互指责批评不爱惜班级公物的现象。这个环节如果能引领孩子回到文本中，将会避免这样的问题，在以后的教学中要努力改进。

《“精彩极了”和“糟糕透了”》教学反思

《“精彩极了”和“糟糕透了”》是部编版小学语文五年级上册第六单元的一篇课文，主要写作者巴迪在七八岁的时候，写了人生中的第一首诗，妈妈对此的评价是“精彩极了”，父亲的评价却是“糟糕透了”；作者在母亲“精彩极了”的鼓励、鞭策中，在父亲“糟糕透了”的警告中，把握人生的方向，成长为一名著名作家。通过教学，引导学生明白：父母对巴迪两个极端的断言，其实是两种不同的表达爱的方式。

五年级学生已经掌握了一些学习语文的方法，具备了一定的语文学习能力。本课又与学生的成长经历非常接近，很容易激起学生情感上的共鸣。文中一些含义深刻、富有哲理的句子，既是学生理解学习上的重点、难点，也是激发学生思维的兴奋点。因此，对本课的教学，可以从“悟”字出发，着眼于学生的自主学习、自我感悟、悟情悟理、课后反思。

为了突出本单元人文主题：“舐犊之情，流淌在血液里的爱和温暖。”在教学中我充分信任学生，放手让学生自选读书方法。在读的过程中先让学生划出描写母亲和父亲在看了儿子巴迪的诗后的表现，再交流从这些句子中读懂了什么，进而体会文中母亲对子女的感性的爱，父亲的充满理性的爱。

教师在教学中还应立足课内，结合生活实际。教育学生要正确对待成长路上父母的批评和表扬，学会用恰当的语言表达自己的看法和感受。在课堂上，我引导学生回忆生活中的点点滴滴，感受父母对我们的爱，从而让学生进行快速阅读，巩固加深对课文内容的理解和情感的体验，并为学生的抒写真情抛砖引玉；布置自主性、开放性的作业：1. 感悟亲情，希望你们怀着感恩之心把对父母的理解化作行动，用你们今天的进步和明天的成功来回报父母。2. 结合自己的生活经历，以《爱的启示》为题，写一篇200字左右的短文，可以写对课文的感想，也可以写自己对生活或学习中遇到的类似事情的新认识。

在课堂教学中，我虽然强调“自主学习，悟情悟理”，但没有注意到学生的实际理解接受能力和现有控制能力，在学生学习课文第二部分中含义较深、具有哲理性和启发性的句子时，没有给予学生必要和适时的引导和帮助。在领会文章思想感情，尤其是在体会父母对孩子表达爱的不同方式上，强调注意通过指导朗读来加深理解，并通过适当联系生活实际产生情感上的共鸣，总是或多或少地存在一些遗憾：

一是学习过程中，学生的“悟”不够深刻。当孩子们自由汇报关于“爱，两股风，幸运”三个问题后，用心读第二部分时，孩子们已兴致高涨，我没有抓住契机，让他们联系学校、家庭的具体情况，谈谈自己的体会。

二是激励评价不够及时，导致不能激发学生探索的欲望。教学是师生双边互动的过程，教师的激励、评价能有效激发学生的学习动力。特别是对于借班上课的情况，因为师生接触少，要更加关注学生学习过程中的情感变化。

这堂课留给我太多的感受。一句话，不管是“精彩极了”也好，还是“糟糕透了”也好，我会继续前行。语文课堂的本来面目还应该是多读，所以，在以后课堂教学的各个环节的设计中，要力求多读多练，使学生能真正地在语文课堂上有所得，有所感，有所获。

教学设计

JIAOXUE SHEJI

教学设计是教学活动的重要组成部分。教学设计要根据课程标准与教学对象的特点，科学地制定出教学目标和教学过程，合理、有效地利用各种教学资源，保证教学活动有序开展，提高课堂效率，提升学生综合素质。

《我们爱和平》教学设计

设计理念

本课从两次世界大战入手，图文并茂地展现战争的残酷场面，引起学生对战争问题的深入思考，使学生认识到和平是世界潮流。本教学设计着眼于《品德与社会课程标准》所提出的：“体会和平的美好、战争给人类带来的苦难，热爱和平。”让学生从自己的世界出发，用儿童的眼睛去观察、用儿童的心灵去感悟战争的残酷，理解处于战争阴影笼罩下的人们是如何忍受战争的苦难。通过教学引导学生明确：我国曾是二战中的主战场，战争给我们带来了太多的苦难。所以，我们要教育学生更加珍惜现在的和平生活。同时，要让学生知道，我国及世界爱好和平的人们，为了全世界的和平在进行着不懈的努力和奋斗，我们要由衷地敬佩为和平做出贡献的人们。

教材分析

《我们爱和平》是部编版义务教育教科书人民教育出版社《道德与法治》六年级下册第四单元“让世界更美好”第十课。通过第二单元的学习，我们了解到全人类“只有一个地球”的深刻含义，同时知道了地球是我们共同的家园。生活在地球村的人们，应该和睦和谐地相处。但是，有些霸权主义国家却在地球上制造战争，使许多孩子失去了亲人，失去了美丽的家园。虽然我们生活在和平的环境中，但是，今天的世界并不太平，我们要树立热爱和平的意识，感受人们对和平的渴望。

学情分析

作为六年级的学生，他们已经借助现代媒体（电视、电影、网络）对战争有了初步的了解，对诸如抗日战争、阿富汗战争、伊拉克战争、海湾战争等有关战争的话题并不陌生。但是，现在的学生生活幸福，在大多数学生的心目中，战争是过去的、久远的事情，或者是距离我们非常遥远的别的国家和地区的事情。他们不了解什么是战争，不清楚战争对人类意味着什么。因此，我们必须引导学生了解当今人类社会面临的一些共同问题，理解世界各国人民和平相处的重要性。

教学目标

1. 关注战争问题，了解两次世界大战以及现代战争的一些情况。

2. 知道战争不仅给人们的生命、财产造成巨大的伤害和损失，同时也给人们的心灵留下了难以愈合的创伤。

3. 通过分析战争给人们带来的苦难，懂得只有远离战争，保护和平，才能有幸福宁静的生活。

教学重点

了解战争所造成的深重灾难，使学生知道世界上还有很多儿童因为战争而流离失所，无家可归，甚至丢掉性命，并对生活在战争环境中的儿童产生深切的同情。

教学难点

1. 拉近战争与儿童生活的距离，引导学生深入理解中国坚持和平共处、共同发展的原则。

2. 指导学生有目的地搜集、整理资料，探究性解决问题。

教学准备

教师准备： 多媒体课件。

学生准备： 搜集战争带来苦难的资料。

教学流程

一、情境导入，激发兴趣

1. 多媒体出示一组幸福生活的图片，问：图片上的他们幸福吗？

你现在的生活幸福吗？晒晒你的幸福，让同学们一起分享你的幸福。

2. 多媒体出示伊拉克战争中孩子受伤的一组图片，问：这些孩子幸福吗？是什么让他们失去了童年的幸福生活？（出示：战争）

3. 教师激情导入：同学们，虽然我们不曾经历过战争的洗礼，但是通过新闻、影视片，我们对于战场上的炸弹纷飞、火光冲天、尸横遍野的场面非常熟悉。战争就像一个恶魔，它滥杀无辜，涂炭生灵，战争到底会为人类带来怎样的痛苦与灾难，这节课我们就来深入交流研究这个话题。今天，我们就一起来学习《我们爱和平》一课。（出示课题）

二、走进战争，揭示罪恶

师导入：让我们踏着历史的足迹，走进战争，体验战争的残酷。

1. 首先请大家听一个真实的故事《请把我埋得浅一些》。（配音《辛德勒的名单》主题曲）

出示故事《请把我埋得浅一些》，想一想假如没有战争，这个小女孩会生活得怎么样?

2. 指名回答上述问题。

师小结：同学们， 故事中天真可爱的小女孩在第二次世界大战的时候，被纳粹士兵活埋了，可爱的她本应与我们一样拥有学校、家庭、朋友，可残酷的战争剥夺了她生存的权利。战争不只让孩子失去了生命和家庭，也给中国乃至世界人民带来了巨大的灾难啊！你们看——（课件出示图片）（本书中图片略去）

3. 一边出示课件，一边介绍图片内容，借助旁白，激发学生的同情心和对战争的憎恨之情。（有项目符号部分为师旁白内容）

◎丧权辱国的《南京条约》的签订，英帝国主义强占我国东方之珠——香港，长达一百多年。

◎八国联军的铁蹄踏入中国，他们抢光了我们的皇家园林——圆明园的金银财宝之后，纵火烧毁了圆明园！

◎ 1937 年 12 月 13 日，丧尽天良的日本侵略者在南京屠杀了我国 30 万民众！

◎第一次世界大战中，历时 5 个月的索姆河战役，仅仅在战斗打响的第一天，英国就伤亡 36 000 多名士兵，到战役结束，交战双方伤亡人数超过 127 万。

◎ 1945 年 8 月 6 日，美国向日本广岛投放原子弹，造成 7 万余人死亡，10 万余人受伤。

◎残酷的海湾战争、伊拉克战争、阿富汗战争造成了许多外国民众的悲痛和创伤!

师：战争给人们带来的灾难仅仅就是这些吗？请大家走进课本，借助导学提纲，学习 70 页至 72 页内容，完成导学案。

仔细阅读两次世界大战造成的灾难，完成导学提纲 1，2，3。

导学 1　第一次世界大战爆发的原因

20 世纪初，帝国主义国家相继发展强大，但由于各国发展（不平衡），各自掠夺（殖民地多少）也不一样，所以产生矛盾。（德国）为了重新（瓜分世界），与 (奥匈帝国) 和（意大利）勾结在一起，组成“同盟国”。英国为了保住（世界霸主）的地位，与（法国）、（俄国）勾结在一起，组成“协约国”。两个帝国主义集团积极备战，(1914) 年，第一次世界大战爆发。

导学 2　第二次世界大战爆发的原因

20 世纪 30 年代，（日本）首先强占了我国东北，并向全中国推进；意大利占领了（东非的埃塞俄比亚）；德国吞并了（奥地利）和（捷克斯洛伐克），后来德国开始进攻（波兰）；英、法被迫对德国宣战，第二次世界大战全面爆发。面对德意日法西斯集团的不断扩大侵略，（中、苏、美、英）等 26 个国家结成联盟，决心彻底打败法西斯。

导学 3　两次世界大战带来的灾难 (数据)

战争名称	耗时	参战国家数	被卷入战争人数	伤亡人数	经济损失
第一次世界大战					
第二次世界大战					

导学4 仔细阅读图文资料，归纳课本上第一次世界大战和第二次世界大战中的战事名称

4. 学生自主学习。

5. 学生汇报导学案（导学1—4），出示下表：

战争名称	耗时	参战国家数	被卷入战争人数	伤亡人数	经济损失
第一次世界大战	4年零3个月	33个	15亿人	3000多万	2700亿美元
第二次世界大战	6年	60多个	20多亿人	6700多万	4万亿美元

师：战争给人类带来的灾难更是深重的，特别是那些无辜的孩子。很多孩子因为战争失去了生命，失去了亲人，成了难民。由于食物短缺，孩子们大多营养不良。使用某些违禁武器所产生的辐射，使许多战争后出生的儿童，得了白血病和其他怪病。请大家关注这样一组数据：

6. 出示联合国儿童基金会统计数据，自1990年以来，战争对儿童造成的伤害数据：

200多万儿童在武装冲突中丧生
600多万儿童受伤或致残
1200多万儿童无家可归，流浪街头

7. 请大家想一想：这些战争中的儿童会有哪些期盼？

8. 学生组内交流，指名汇报。

师小结：同学们，渴望和平，呼吁和平是世界人民共同的心声。我们反对战争，痛恨战争，但是当我们祖国的主权和人民利益受到侵害而又无法和平解决时，必须通过战争捍卫国家的尊严。这里我们必须明确正义战争和非正义战争的性质。

9. 出示正义战争和非正义战争的区别

正义战争：保家卫国，反抗外来侵略，维护祖国领土和民族尊严的，促进社会进步的战争属于正义战争。

如历史上的正义战争有：抗日战争、西班牙反侵略战争、反法西斯战争、中国抗美援朝战争等。我们支持与维护正义战争。

非正义战争：对外进行侵略扩张、侵犯别的国家领土和民族尊严，阻碍社会进步的战争，都属于非正义战争。如英国对我国发动的鸦片战争，日本对我国发动侵华战争，日本偷袭珍珠港战役，德国发动的斯大林格勒战役等。

第二次世界大战期间，德国、意大利、日本发动的侵略战争，都是非正义战争。我们反对非正义战争。

三、呼吁和平，激情结课

和平是我们永久的期盼，和平不仅是一种渴望，更是一种力量，让我们携起手来，呼唤和平、热爱和平，捍卫和平（课件出示：呼唤和平、热爱和平，捍卫和平）。和平是人类永久的期盼，它将永远铭刻在世界人民的心中！让我们共同祈盼洁白的和平之鸽飞遍世界每一个角落吧！你们看——它们来了（多媒体播放《让世界充满爱》的背景音乐和文字图片）。

四、升华情感，拓展延伸

同学们，为了制止战争，维护和平，人类做了很多事情，请大家课后搜集有关热爱和平的资料，下节课我们交流。

板书设计：

我们爱和平

摧残生命
经济损失 } 和平是民心所向
后患无穷

《搭石》教学设计

设计理念

本节课是作为学科德育的微型课教学设计，我的立足点是根据语文学科特点、学段特点和学生发展需求，充分挖掘教材中的德育要素，将具体学科知识连接生活实际，提升核心素养，实现知行合一的教与学的过程。

本节课的德育教学点非常清晰，就是借“搭石”这一家乡独特的美好现象，赞美家乡人民默默无闻，无私奉献的精神，从而使学生受到美好情感的熏陶与感染，成为“美”与“爱”的践行者。所以教学中我通过寻找风景，品读感悟，重点引导学生感受乡情之美，然后连接生活，发现生活中简单又真挚的“美”，感受身边普通人的人情之美，最后引导孩子们争做“美”与“爱”的践行者。除了这个核心的思想教育点之外，我还会在评价中对孩子不断进行德育渗透，使社会主义核心价值观的具体内涵如丝丝春雨慢慢渗透孩子们的心田，达到潜移默化、润物无声的效果。

教材分析

《搭石》是部编版小学语文五年级上册第二单元第一篇课文。文章写了家乡人摆搭石、走搭石的情形，赞扬了家乡人互相谦让、互帮互助的淳朴民风。文章篇幅适中，具有“形散而神不散”的特点。全文围绕“搭石”二字展开，按照“话搭石—摆搭石—走搭石—赞搭石”的顺序叙述了所见所闻。作者笔锋清新，语言柔美，情感浓郁，借“搭石”这一家乡独特的美好现象，赞美家乡人民默默无闻、无私奉献的精神。

学情分析

课文中的“搭石”这一事物，对孩子们来说有些陌生，但对于五年级的孩子来说，他们已经具备了理解、感悟、概括、想象等学习能力。所以，通过文字理解“搭石”这一生活情景应该没有难度；但对于“搭石，构成了家乡的一道风景”，这些平凡的生活场景中隐藏的美好情感，学生的品读如果不能深入，则感悟不到文章中的乡情之美，也会使学习显得单薄、肤浅。所以，课堂教学中只有关注到这些学情，才能使教学过程有的放矢、摇曳生姿。

教学目标

1. 依据本单元的语文要素“阅读要有一定的速度”，引导学生初步了解快速默读的方法，能够在较短的时间内把握文章内容。

2. 品读作者细致描写的典型事例，抓住关键词句，感受乡亲们默默无闻、无私奉献的美。

3. 连接生活，发现生活中简单又真挚的“美”，做“美”与“爱”的践行者。

教学重点

1. 了解快速默读的方法，能够运用一定策略快速默读。

2. 借“搭石”这一家乡独特的美好现象，感受家乡人民为他人着想，互帮互助的美好品质。

教学难点

通过“搭石”这一家乡独特的美好现象，感受家乡人民默默无闻、无私奉献的美德，使学生受到美好情感的熏陶与感染，成为“美”与“爱”的践行者。

教学过程

一、结合背景，导入新课

1. 1977 年末，作家刘章爷爷来到河北省省会石家庄工作，当他看到城市里人们抢着挤公共汽车的时候，见人们无序地匆匆横穿马路的时候，心里便幽幽地想到家乡潺潺的小溪，想到山里人走搭石的情景，他觉得家乡的搭石上有情，有爱，有美，他要把心中长留的那道景、那份情传达给我们。这节课就让我们继续走进课文《搭石》。

2. 板书题目：《搭石》

二、浏览全文，解析“搭石”

1. 请你快速地默读课文，用课文中的话语来说说什么叫“搭石”。

（1）默读中要集中注意力，注意阅读的速度，不停留，不回读。

（2）交流：平整方正的石头，按照二尺左右的间隔，在小溪里横着摆上一排，让人们从上面踏过，这就是搭石。

2. 欣赏图片，图文对照，再解“搭石”。

三、品读文字、赏析“美景”

这普普通通的搭石，作者却说它“构成了家乡的一道风景”。那就让我们通过文字去寻找搭石上的美丽风景吧。

1. 自主探究

出示学习提示：请细读课文 2–4 自然段，边读边想，在搭石上你看到了怎样的风景？画出相应的句子，写写自己的感受。

2. 小组合作

我们有些同学已经用端正的坐姿告诉老师，自己完成了自主探究的内容。那让我们四人一个小组，相互交流一下。

3. 班内分享

孩子们，快乐分享的时刻到了，让分享的热情在我们的课堂中沸腾起来吧。说说看，你看到了怎样的风景？

（1）老人“搭”石图

出示句子：上了点年岁的老人，无论怎样急着赶路，只要发现哪块搭石不平稳，一定会放下带的东西，找来合适的石头搭上，再在上边踏上几个来回，直到满意了才肯离去。

①生读句子，你看到了怎样的画面？（老人耐心细致摆放搭石的画面）

②抓住重点字词细细品味：通过“无论……只要……一定……直到”等词语中隐藏的画面，体会老人心中有他人的心灵美。

③小结深化：“搭石”的确构成了家乡的一道风景，它让我们看到老人耐心细致摆放搭石的画面，也让我们看到了（一道无私奉献）的美景。

（2）一行人“走”石图

出示句子：每当上工、下工，一行人走搭石的时候，动作是那么协调有序！前面的抬起脚来，后面的紧跟上去，嗒嗒的声音，像轻快的音乐；清波漾漾，人影绰绰，给人画一般的美感。

①生读，你看到了（一行人协调有序走搭石）的画面。

②让我们也加入到走搭石的人群中吧！（引读：前面的——抬起

脚来；后面的——紧跟上去；抬起脚来——紧跟上去，抬起脚来——紧跟上去，嗒嗒的声音像——生：轻快的音乐！）

③重点词语解析：一行人走搭石时没有人指挥，没有人落水，也没有踩踏，大家走得既轻快又整齐，这就是——用文章的词语叫（协调有序）。

④小结深化：清波漾漾，人影绰绰，这一行人在搭石上走出了音乐美、画面美，这的确是一道风景，一道（协调有序）的风景。

（3）面对面“让”行图

出示句子：如果有两个人面对面同时走到溪边，总会在第一块搭石前止步，招手示意，让对方先走，等对方过了河，俩人再说上几句家常话，才相背而行。

你看到了一幅（两人在搭石上相互礼让的）画面。

（“总会”“止步”“让对方先走”，这也是——一道风景，一道——山里人相互谦让的风景。）

（4）背老人“过”石图

①书中探索：假如“年轻人”和“老人”来走搭石，又是怎样的情景呢？孩子们一起读读。

②延伸探究：到了对岸，老人需要向年轻人道谢吗？为什么？年轻人没有收到感谢，心里会不痛快吗？为什么？（理解“理所当然”）

这位老人年轻的时候，他一定也曾（　　　　），因为他把这也看成理所当然的事。当这位年轻人老了的时候，也一定会有（　　　　），因为他们把这看成是理所当然的事。

师：透过这一代又一代人的“理所当然”，你看出了什么？（家乡人尊老敬老的淳朴民风）

③想象补充：孩子们，让我们用想象，去看看搭石上更多的理所当然吧。

怀抱婴儿的母亲来走搭石，家乡的人们会（　　　　），人们把这看成理所当然的事。

稚嫩的孩童来走搭石，大人总要（　　　　），人们把这看成理所当然的事。

扛着一大包行李的人来走搭石，（　　　　），人们把这看成理所当然的事。

四、总结课文、铭记“美好”

是啊，搭石就是一道风景，一道独特的风景，它流淌着情，承载着爱，传递着美！让我们在深情的朗读中表达出内心的赞美。

课件出示：“一排排搭石，任人走，任人踏，它们联结着故乡的小路，也联结着乡亲们美好的情感。”

五、聚焦生活，发现“美好”

1. 乡亲们美好的情感在搭石上传递。在我们的生活中，也有许多像搭石上发生的那样平常的小事。它们虽小，却也温暖着我们。让我们去看看这动人的瞬间。（播放图片）

2. 亲爱的同学们，我们的身边也有如此美好画面，能说说你看到的美吗?

（同学间互帮互助；亲朋好友无私奉献；陌生人间的热情相助……）

3. 你们所说的这一幕幕场景，就是一首首爱的赞歌，就是一道道美的风景，那么，你创造过这样的美丽风景吗?

（说说你自己的友爱之举）

4. 文字描绘着美，生活呈现着美，我们践行着美，随着社会的发展，虽然山里已经有了公路，但是搭石永远摆在通往田地或山野的溪流里，人们用爱构建的一道道风景永远传承着华夏民族大爱无疆的精神！

5. 请同学们全体起立：（齐读）你我聚力为他人，人间处处好风景！

六、课后延伸，传承“美好”

1. 课后请同学们继续睁大发现美的眼睛，继续体味生活中的美好，用笔写写我们身边的别样美。

2. 从每一件小事入手， 人人争做“爱”与“美”的践行者，让我们的生活在爱与美的包裹中越来越幸福。

板书设计：

美

搭石 —————— 一道风景

爱

《海伦·凯勒》教学设计

教材分析

《海伦·凯勒》是苏教版小学语文第三单元的一篇课文。本单元的人文主题是励志，每篇课文的每位人物形象都给读者以精神上的启迪。本课主人公海伦·凯勒之所以闻名于世，就是因为她那自强不息的拼搏精神。以情感人是本文最大的特点。作者的叙写满怀深情，能引导读者“披文入情，缘情悟神”。作者从她出生写起，一直到她大学毕业以后所投身的事业，时间跨度很长，但作者并没有面面俱到，铺陈叙述，而是择取人生历程的片段具体写，把重点放在对海伦不屈不挠的奋斗精神的表现上，所选用的主要是她早年顽强学习的两个事例，来反映她一生的主要精神和特点，而对她一岁半得病、大学毕业后的经历仅作简洁的交代，有详有略。课文详写了海伦摸盲文、拼写单词，完全靠触觉学习说话的艰难历程，略写了海伦一岁半时遭受的不幸和大学毕业后将她全部的爱倾注在残疾人身上的事迹，突出了重点，更好地表现了海伦对生活的热爱和不屈不挠的奋斗精神。既全面介绍又重点突出，使读者对文章中的人物有一个整体的认识，同时又对她的某些方面有具体的了解。

教学目标

1. 正确、流利、有感情地朗读课文。

2. 能够运用自己掌握的读书方法，对课文精彩的部分深入理解。

3. 凭借课文具体的语言材料，体会海伦不屈不挠的学习精神。

4. 结合生活实际，想想自己从中学到了什么。

教学重点

反复朗读自己感受最深的内容，体会海伦不屈不挠的学习精神。

教学难点

感受海伦在艰难的环境中战胜困难、创造奇迹的勇气。

教学过程

一、导入课文，激发情感

1. 教师谈话：人能走多远，不要看双腿而要看志向，人能攀多高，不要问双手而要问毅力。海伦·凯勒——一个伟大的女性，她从一个不幸的残疾儿童成为一个流芳百世的巨人，她所走过的路程是坎坷而艰辛的。让我们再次走进课文，走进海伦·凯勒的世界，感受她坚韧不拔的毅力和不屈不挠的精神。

2. 请同学们边听课文录音，边在课文中划出最使你感动的段落或者句子。

二、精读课文，感动内心

1. 过渡：小海伦的命运是不幸的，可是她用坚韧的毅力写就了一曲成功的赞歌。听录音时，老师留意到，大家在书本上留下了一道道充满智慧、充满感情的波浪线。谁来读读使自己最感动的句子或段落？

课件出示：

她不分昼夜，像一块干燥的海绵吮吸着知识的甘霖。她拼命摸读盲文，不停地书写单词和句子。她是这样的如饥似渴，以至小小的手指头都摸出了血。

（1）请齐读这段话。这段文字仅仅读一遍是不够的。大家再读读，你发现有哪些词语值得我们注意，用笔将它圈出来。

（2）你发现了哪些词？（根据学生回答，相继用红色标记强调：不分昼夜、吮吸、拼命、不停地、如饥似渴等词语）请大家读读这些词，会有什么发现？（这些词写出海伦的不屈不挠）

（3）请大家练习朗读这段话，注意读出你的感悟。指生读，评议。

（4）我认为，如果大家带着从这段文字中想象的画面来读，一定能读好这段话。指生读，并说出自己所想象的画面。

（5）就看到了这些画面吗？来，让我们闭上眼睛，用想象走进海伦的世界。也许这是一个早晨，太阳还没有升起，可是你看到小海伦已经坐在书桌边做什么？她是怎么做的，你看到了吗？

也许这是吃午饭的时间，桌上的饭菜已经凉了，但海伦呢？她依然抱着盲文书做什么呢？

我们继续看，无数个深夜，万物进入了梦乡，小海伦还在忙着干什么，你看到了吗？一阵阵倦意袭来，海伦打起精神，她仍在做着什么？她的手指头流着血，血一滴滴落在书上，海伦忍住疼痛，她还在……

（6）请同学们睁开眼，带着想象齐读这段话，感受她不屈不挠的精神。

2. 同学们，其实读书的过程就是我们与文中的人物对话的过程，请大家读课文时，一定要做到“句句入心”。只有这样才能体会人物的内心，了解人物的品质。这段话帮助我们理解了“不屈不挠”，文中还有哪段话体现了她不屈不挠的精神?

课件出示：

为使我的伙伴——即使是最亲密的伙伴——能听懂我的话，我夜以继日地努力，反复高声朗读某些词语或句子，有时甚至要读几个小时，直到自己觉得读对了为止。我每天坚持着练习，练习，练习……

（1）又有哪些词跳入你的眼帘？（根据学生回答，突出：夜以继日、反复、甚至、每天坚持）

（2）学语文就要有这样的敏感性，通过关键的词语来理解句子。这段话该怎么读呢？生练读后齐读。

3. 当夏天来临时，海伦的功课也告一段落。她回到家中，大声喊道：爸爸，妈妈，我回来了！谁来读读这句话？（指 3–4 生读）

（1）一岁半就双耳失聪、双目失明的小海伦，完全靠触觉学习发音。现在，她发出的每一个字，是多么震撼人心啊！让我们带着喜悦、激动读这句话。

（2）作为父母，谁不想让子女甜甜地叫自己一声“爸爸、妈妈”，可是小海伦的父母盼这一声盼得太久了，盼得太艰难了，请大家齐读课文第七自然段，让我们一起分享他们的激动和喜悦。

三、走近人物，感受品质

1. 小海伦靠着不屈不挠的奋斗精神，学会了“算术”、学会了写字、学会了说话。请大家再次纵览全文，想一想海伦·凯勒成功的精神力量是什么。

（1）小组交流，汇报。

（2）师总结：是爱，是对生命的珍爱，对人类的爱，让她树立了战胜困难的坚定信念，让她有了强烈的求知欲望……是爱，给了海伦不屈不挠战胜命运的力量，是爱让海伦写出那么多感动世界的文字。

请大家全体起立读出海伦的心声：

课件出示：

只要朝着阳光，便不会看见阴影。

——《冲出黑暗》

虽然生命中有很多缺陷，但世界是美好的，无论处于什么样环境，都要不断努力，都要学会满足。

——《假如给我三天光明》

2. 与海伦相比，我们有健康的身体，此时此刻，你觉得你应该向海伦学习些什么？（学生各抒己见：执着、顽强、坚韧不拔、努力学习）

3. 你还知道哪些身残志坚的人物以及他们的故事？

大家所列举的人们，他们的命运是不幸的，但是他们主宰了命运，成为生活的强者，与他们相比，我们不能抱怨，我们只能更加努力地去面对生活的挑战。请大家看大屏幕：

我们不能改变天气，但是可以改变心情；我们不能改变容貌，但是可以展现笑容；我们不能决定他人，但是可以把握自己；我们不能样样顺利，但是可以事事尽心。

4. 感谢海伦，让我们懂得了健康的珍贵，懂得了学习的快乐，懂得了人生的价值。让我们永远记住她，她就是海伦·凯勒！（齐读课题）

四、拓展作业：（选一个喜欢的话题完成）

1. 学了这篇文章，海伦·凯勒不屈不挠的奋斗精神深深地震撼和鼓舞了我们，请你们以"海伦，我想对你说……"为中心，谈谈自己的心里话。

2.《假如给我三天光明》，这是海伦·凯勒最渴望的，如果给你一个机会来诉说，你最渴望的是什么呢？请你来谈谈你的假如……

板书设计：

海伦·凯勒

学盲文

不屈不挠

学说话

《鸟的天堂》第二课时教学设计

教材分析

巴金于 1936 年 6 月写《鸟的天堂》，和这一时期的许多散文一起收入《旅途随笔》中。《鸟的天堂》是统编版小学语文五年级上册第七单元的一篇精讲课文，文章写了一株罕见的大榕树，由于它那茁壮旺盛的生命力，给人印象深刻，在上面栖息的群鸟也和它一起得到农民的保护，因此成了“鸟的天堂”。我们透过作者对那株树的生命力的赞美，对于生活在这“天堂”中的鸟儿的描绘，可以感受到作者对整个自然、对生命、对自由的热爱。

作者巴金是语言大师，他的语言以流畅自然、富有热情见长，没有华丽的辞藻，不见雕琢的痕迹，而笔锋常带热情，十分亲切动人。文章在写作者傍晚郊游第一次见到榕树时，很注意用词的色彩。天边的红霞、白茫茫的水面、一簇一簇的绿叶，构成了鲜明的画面。在写榕树上百鸟的活动时，作者较多地运用了排比、复迭的句式，来表现热闹、欢腾的景象。句子时短时长，短句活泼有效，生动热闹；长句情深意厚，耐人寻味。“那‘鸟的天堂’的确是鸟的天堂啊”前一个“鸟的天堂”指的是称谓，后一个“鸟的天堂”说的是实质，含义较前一个丰富多了。这是修辞的“同语”，它使结尾更显含蓄深厚，令人回味。

教学目标

1. 自学本课生字新词。

2. 感受榕树的美丽，体会群鸟纷飞的热闹景象，受到热爱大自然的教育和美的熏陶。

3. 培养学生在阅读过程中充分发表自己见解的能力。

4. 培养学生收集资料，利用资料理解课文的能力。

5. 有感情地朗读课文，背诵自己喜欢的段落。

教学重、难点

体会“鸟的天堂”的美。鼓励学生在阅读中充分发表自己的见解，并能用各种喜欢的方式表达感受。

教具准备

多媒体课件。

教学过程

一、创设情景，激情引入

由简笔画板书过渡到多媒体播放“大榕树”课件，师：看到这美丽的大榕树，你想说些什么？

（自然引到对课文重点段落的学习）

二、朗读感悟，交流心得

1. 默读。找出作者描写榕树美的句子，写出体会，并在不理解的地方做上记号。（引导学生自读、自悟、质疑，培养学生的自主

学习能力）

2. 交流自学情况，发表自己的见解。

（1）教师引导学生在谈体会的过程中，能利用简笔画表现“绿叶的多”“枝上又生根”等特点。

（通过交流，相互启发，分享学习心得）

（2）学生提出不理解的地方，教师组织学生根据自己的实际观察和平时的感受，发表见解，重点体会“每一片绿叶上都有一个新的生命在颤动”。鼓励学生借助课件充分发表自己的见解和感受，教师对学生各自的见解给予肯定。

（联系本组重点训练项目“阅读要有自己的见解”，教师尊重学生阅读时的多元感受）

（3）通过有教师参与的反复朗读，激发学生在朗读中表达自己对课文重点部分的理解、感受。

（4）通过自己对这段描写的体会和感悟，带感情朗读本段，表达自己由衷的赞叹：“这美丽的南国的树！”。

三、融情入景，合理想象

1. 播放“群鸟纷飞”的课件，让学生形象感受“鸟的天堂”不但鸟的数量多、种类多，而且鸟儿的生活快乐、自由。重点感受这部分的动态美的描写。

2. 教师引导：让我们走进课文，欣赏这热闹的场面。鼓励学生通过自由朗读课文，尽情地感受巴金这位语言大师的描绘美。

（鼓励学生以自己喜欢的方式表达真切感受：可站、可坐、可请老师同读，可找伙伴合作）

3. 增强环保意识：拿出自己美术课上画的小鸟，把它们“放飞”到大榕树上。

（课程整合，合理利用美术资源。配上欢快的《蓝色的小精灵》乐曲，表现鸟儿们回归自然的欣喜）

4. 引导学生想象小鸟在大榕树上快乐生活的情景，再次朗读点明课题的“鸟的天堂”一段，体会文中两个鸟的天堂的不同含义。

（合理想象，激发学生热爱自然、保护环境的意识）

四、联系生活，加深体验

在朗读中欣赏课文的静态美和动态美，整体感受大榕树的美，感受这里的人们保护榕树、爱护鸟的自觉行为，感悟人与自然和谐统一的境界美，增强学生保护生态环境的意识。

五、拓展延伸，内化情感

1. 播放“小画眉”自由飞翔在大榕树上的课件。

2. 画外音提示：假如你是小画眉，会有些什么感受？自主选择其中的一种，用自己最喜欢的方式表达自己学习的感受。表达感受的方式（课件出示）：

（1）畅谈内心的喜悦。

（2）写一首小诗，写一段顺口溜……读一读。

（3）编写歌词，唱一唱。

（4）画一幅精美的画。

（开发学生的潜力，调动学生已有的知识储备，因材施教，让每个学生都有展示自己才能的机会）

六、布置作业，抒发感悟

请同学们自由阅读小资料，同学间交流读后感受，并在课后写成小短文。

板书设计：

大 榕 树 ⟶ 枝繁叶茂
群鸟纷飞 ⟶ 快乐自由
} 保护生态环境

附：教学资料

大榕树为什么会独木成林

气生根是生长在空气中的一种变态根，如榕树的枝干上长出许多不定根，可以一直垂入到土壤。此种气生根没有根毛和根冠，不能吸收养分，但能吸收空气中的水分，也有呼吸的功能。由于气生根扎入土内，起了支撑作用，使榕树冠得以发展，故有“独木成林”之感。热带森林中的许多植物也有发达的气生根，气生根因作用不同，又可分为呼吸根、支柱根、攀缘根和吸器根。

昔日鸟的天堂

五百年前，这里原有一个泥墩，一棵榕树，经长期的繁衍，成为覆盖有二公顷的小岛。岛上的榕树栖息着十多种小鸟，尤以白鹤和灰鹤最多。白鹤朝出晚归，灰鹤暮出晨归，一早一晚，相互交替，翩翩飞舞，嘎嘎而鸣，蔚为壮观。20世纪30年代，著名作家巴金游后写了《鸟的天堂》，1982年他亲笔提了“小鸟天堂”四个字，更为这风景区增色不少。树长起来后便有气息，气根向下长入土后成树枝，枝大成树又有气根下垂入土，如此不断循环，加上小泥堆不断因河水冲击成为小岛，树越来越大，成为有十五亩阔的榕岛了。如果您划艇靠近榕墩，环绕一周，就会见到榕林里面树枝交错，鸟巢一个个散布其中，鸟群飞上飞下的奇景了，真有“人间毕竟有天堂”之感。

今日鸟的天堂

江门新会的“小鸟天堂”，名气很大。记得孩童时代，便知道这里因我国著名作家巴金先生的《鸟的天堂》一文而名声大震，使此后的“小鸟天堂”成为远近闻名的旅游景点。只要一提起它，脑海里便会构筑起一幅幅美好的画图，想象着新会那一棵很出名的榕树，树上每天有数不清的小鸟。

而人们最近前往“小鸟天堂”观鸟，却颇感失望，绕小岛两圈，没有见到小鸟群飞的盛景。据当地人介绍，由于小鸟生存的生态大环境发生了改变——小岛周边被开发，原有的农田、水塘被破坏，环绕小岛的天马河的水质遭到污染，小鸟不断地飞到其他地方觅食，不再回来，护鸟措施也就显得有些力不从心。

《小猴子下山》教学设计

教材分析

《小猴子下山》是一篇童话。课文讲的是一只小猴子下山来，先掰了一个玉米，看见桃子就扔掉玉米去摘桃子，看见西瓜就扔掉桃子去摘西瓜，看见兔子就扔了西瓜去追兔子。最后，兔子跑进树林不见了，小猴子一无所获。在课文学习过程中，引导学生从小猴子的行为中得到启示：做事情明确目标，始终如一。

本文构段有特色，第一、二、三、四自然段都是按“小猴子来到什么地方，看到什么，心情怎样，做了什么”这样的形式来构成段落，教学中可以利用这个形式读懂故事内容。本文插图生动形象，图文一一对应，教学时可以把文本故事像连环画一样展示，增强展示学习的兴趣。

本文词句学习主要是注意体会不同的词表示不同的动作，教学时可借助课文插图、动作表演来理解，会用“掰、扛、扔”等动词说话。在本文的教学中，还可引导学生了解“又……又……”的词语形式并积累运用。

教学中，还要引导学生提取课文信息、整理信息，并根据课文信息对“小猴子最后为什么只好空着手回家去”的原因做出简单的推断。

教学目标

1. 正确认读“猴、结、掰”等 12 个生字，会写“非、块、常”等 7 个字。

2. 能正确、流利、有感情地朗读课文。

3. 能结合插图讲述故事，感受小猴子的可爱。明白做事情要一心一意、有始有终，而不应“这山望着那山高”。

教学重难点

小猴子最后为什么只好空着手回家去。

教学准备

多媒体课件、图片、生字卡片、小猴子头饰、玉米、桃子、西瓜等道具。

教学过程

一、情境导入，激发兴趣

1. 教师：同学们都很喜欢小动物，今天咱们课堂上来了一个小客人，请大家看老师带来的是哪只小动物。

（教师贴小猴子卡通图片，简笔画山）

2. 今天我们就来讲关于这只小猴子的故事。

（板书课题：小猴子下山。学生齐读课题，引导学生集中认读生字“猴”）

3. 读了课题，你知道了什么？还想了解哪些内容？

【设计意图】刚从喧嚣的课间活动进入教室，用简笔画和图片迅速抓住学生注意力，又不马上切入正题，给孩子一个“缓冲”，更利于学习新知。

二、看图学文，初识小猴子

1. 听故事，说一说这只小猴子下山后，他都去了哪些地方，做了些什么事。

2. 读课文，标出各自然段序号，划出小猴子去的地方名称。

3. 你觉得这是一只什么样的小猴子？

【设计意图】故事对孩子的吸引力就像桃子对猴子的吸引力一样充满诱惑，用声情并茂的故事把学生吸引进文本。学生读课文时，要求边读边标段落，为学生读书做笔记打好基础。

三、走进文本，感悟动词精妙之处

1. 小猴子下得山来，眼界大开，让我们走进课文，看看小猴子有哪些经历。

2. 朗读课文第一段，说一说这只小猴子兴冲冲下山后，他先到了哪里？看见了什么？

生：走到一块玉米地里，看见了又大又多的玉米。

（出示生字、词语：块、结、又大又多）

3. 读“块、结、又大又多”，请学生尝试用“又大又多”练习造句。

指导田字格书写“块”字，强调左窄右宽，左短右长，右边的横折笔画要往左收，一撇要先直再弯穿插到提的下方。

4. 看见又大又多的玉米，他心情怎么样？又是怎么做的？

生：掰了一个玉米，扛着往前走。

（出示生字：掰、扛）

5. 学生读生字，师强调“掰”是左中右结构的字。

6. 理解“掰”“扛”两个动词。

（1）指名做“掰”“扛”的动作，理解这两个动词的不同。

（在文中学习生字，增强语文学习的趣味性。通过做动作，引导学生理解动词）

（2）让学生说说为什么课文用了“掰”“扛”这样的动作，引导学生进一步理解玉米的大。

7. 指导学生感情朗读。

（1）小猴子第一次下山，他看到又大又多的玉米，毫不犹豫地掰了一个扛着往前走，甭提有多高兴了！孩子们，我们一起戴上小猴子的头饰，神气活现地学学小猴子吧！朗读课文第一自然段，读出小猴子内心的喜悦和激动。

老师示范读：第一句用陈述的语气诵读，平实自然。第二句借助“又大又多”，读出小猴子看见玉米的欣喜之情，把学生引入情境之中。

（2）指名上台表演读。让学生通过角色体验朗读，体会小猴子当时的愉悦心情。

8. 根据课文内容提示填空，再读第一段课文。

小猴子下山来，走到一块（　　）地里，他看见玉米（　　）得（　　），非常高兴，就（　　）了一个，（　　）往前走。

9. 老师引导，回想第一段课文学习方法。

（1）方才咱们学习了课文的第一自然段，谁来说一说小猴子下山做的第一件事是什么？（板书：掰玉米、扛着走）

（2）师生一起总结第一自然段课文的学习方法。

①小猴子来到哪里，做了什么？

②理解小猴子的动作。

③带着自己的理解有感情地朗读课文。

【设计意图】因为故事内容比较好理解，小猴子的形象学生比较容易把握。学习过程中，将不同动词表示不同动作作为教学重点，让城市孩子感受掰、扛、扔等不同动词表达的意思不同。

10. 依照第一段学习方法，小组学习课文二、三、四段。

多媒体出示小组合作学习提示：

（1）读一读：把课文读通顺，了解二、三、四段课文内容。

（2）说一说：小猴子接着到了哪些地方？他又看到了什么？心情怎样？怎样做的？

（3）画一画：画出描写小猴子动作的词，学着做一做。

（4）演一演：戴上头饰，拿上道具，朗读并表演小猴子的所作所为。

11. 各小组汇报学习情况。教师板书。

12. 依照课文内容补充句子。

小猴子后来去了（　　　）下，摘到了（　　　），扔掉了（　　　）。

小猴子捧着几个（　　　），走到一片（　　　），就扔了（　　　），去摘（西瓜）。

小猴子抱着（　　　）往回走，看见一只（　　　），就扔了（　　　），去追（　　　）。

【设计意图】顺着故事情节发展的主线指导学生随文识字、学词，了解故事内容。因为结构相似，教师引导学习一段之后，引导学生总结学法，有意识培养学生学习能力。采取读、做结合的方式，让学生在表演中正确理解“掰、扛、扔、摘、捧、抱、追”这些动词所表示的动作。

四、讲故事，明道理

1. 学生轻声朗读课文第五段，边读边考虑：小猴子为什么空手回家去？（依据学生所答，相机板书：见异思迁、顾此失彼）

2. 抓住“只好”这个词，让学生交流小猴子空手而归的原因是什么。

3. 小猴子跑回树林时，两手空空，他的心情如何呢？

（懊悔、难受）

4. 在小组内讲小猴子下山的故事。

【设计意图】通过讲故事，把段落加以整合，在学生脑海中构建一个整体感知，为下一步演故事做准备。

五、演故事，入情入境谈感受

1. 戴头饰表演，其余学生注意观察小猴子的动作、神态。

2. 想想，空着双手回家的小猴子在路上会想些什么？回家后对妈妈说些什么？他妈妈又会给他说些什么呢？

3. 你生活中，有没有和小猴子一样的经历呢？如果有，今后应该怎么做？

4. 那么，小猴子第二次下山会怎么做？

【设计意图】表演故事时，遵循先易后难的原则，让学生在入情入境表演中，进一步落实"根据课文内容进行简单推断"的训练，让学生明白做事情要目标明确的道理，用语文学习指导生活实际。

六、课后巩固，强化认知

1. 在田字格规范书写本课生字。

2. 把《小猴子下山》这个故事给爸爸、妈妈讲一讲。

【设计意图】以教师课堂示范，板书指导培养学生良好书写习惯，让学生明白字不光要写对，还要写得美观大方，让同学给家长讲故事，以加深孩子对课文的整体感知能力，逐步提升学生的口语表达能力。

板书设计：

小猴子下山

玉米	又大又多	掰　扛
桃子	又大又红	摘　捧
西瓜	又大又圆	摘　抱
小兔子	蹦蹦跳跳	空手回家

做事要有目标，始终如一

《赠汪伦》教学设计

设计理念

本教学设计着眼于《语文课程标准》所提出的："丰富学生的语言积累，体味古诗的内容和诗中所表达的情感。"教学中努力体现学生学习过程中的自主性、实践性。本设计以理解诗句、想象诗境、感悟诗情为教学重点，力求"重文本"而又"超文本"，拓展学生语文学习的视野和空间，倡导自主、合作、探究的学习方式，尊重学生在学习过程中的独特体验。

教材分析

《赠汪伦》是人民教育出版社出版的义务教育课程标准实验教科书小学语文第三册上册第六单元第25课的一首古诗，这首诗是唐代伟大的浪漫主义诗人李白的一首佳作。它给我们勾画了一幅有声有色、有形有情的写意画：桃花盛开，潭水轻漾，轻舟欲行，踏歌声起。诗人运用了夸张的手法进行衬托，表现出他与友人深厚而真挚的友谊，景真情也切。全诗语言精练，表达简洁，意蕴深长，十分适合诵读积累。

学情分析

二年级（1）班学生思维活跃，课堂上喜欢表现自己，对语文学习有着浓厚的兴趣；学生在学习中积极主动性高，渴望得到教师或同学的赞许。虽然低段学生对于古诗文的学习有一些困难，但他们通过一年级的学习已经有了一定的学诗经验，会对本诗的学习、理解起到极大的推动作用。学生特有的表现欲望、探究需要、被认可的需要，利于教者进行教学活动的设计。

教学目标

一、知识与能力

1. 认识六个生字，能准确读出生字字音并能认准字形。

2. 会写“舟、乘、汪”三个生字，书写端正整洁，笔顺正确，间架结构规范。

3. 能够有感情地朗读古诗，理解诗句的意思。

4. 会背诵古诗。

二、方法与途径

1. 运用多媒体展示与课文内容相关的音乐、图片、文字资料，激发学生学习古诗文的兴趣。

2. 采用范读、自读、齐读、配乐读等方式鼓励学生思考问题，体会诗意。

3. 指导学生对诗句意境的理解，充分发挥其想象力。

三、情感态度与评价

1. 感受诗的意境，感悟李白与汪伦之间浓浓的朋友情、离别情。

2. 培养学生对祖国传统文化古诗词的热爱。

3. 课堂上通过对学生的及时反馈进行评价，课后主要通过积累古诗词进行评价。

教学重点

能够有感情地朗读古诗，体会李白与汪伦之间的深厚情谊。

教学难点

感悟诗歌的意境，想象李白与汪伦难分难舍的离别之情。

教学准备

课件、课前学生收集的资料。

教学过程

一、故事引入，激发兴趣

1. 谈话：唐朝的诗歌浩如烟海，著名的诗人多似繁星，李白就是其中一位。（板书“李白”，旁打“？”）

师：谁能把自己想到的告诉大家？学生畅所欲言。

2. 板书课题，生读题，引出典故。

今天我们就来学习诗仙李白的一首佳作。板书题目：《赠汪伦》。同学们，关于这首诗还有一个有趣的故事呢！请大家看视频。

3. 课件播放典故《十里桃花，万家酒店》。

李白一生既喜欢作诗，也很喜欢喝酒和游历名川大山，汪伦非常仰慕他的才华，很想与他结为朋友。于是就写了一封信托人带给李白，上面写道：“先生，您喜欢游览吗？这里有十里桃花；您喜欢喝酒吗？这里有万家酒店。”李白一看，呀！这么好的地方，我得去看看。可是到了那里，既不见十里桃花，也不见万家酒店，李白疑惑不解。汪伦解释说："十里桃花是十里外有个桃花渡口，万家酒店是有个姓万的人开了一家酒店，并不是一万家酒店。"李白恍然大悟，他不但没有生气，反而被汪伦的幽默与风趣逗得哈哈大笑起来，两人一见如故。在以后的几天里，汪伦每天盛情款待李白，并带他游遍了当地的名山胜景，他们一起饮酒作诗，情趣相投，短短几天就结下了深厚的友谊。临别时，汪伦踏歌相送，李白被他的真诚深深地感动了，即兴吟诗一首《赠汪伦》。

【设计意图】"良好的开端是成功的一半。"用孩子们喜欢的故事导入新课，拉近学生与文本之间的距离，促使学生产生浓厚的兴趣，从而为教学活动的展开奠定良好的基础。

二、自学古诗，了解诗意

1. 按自学提示学习古诗。

出示自学提示：

（1）正确、流利地朗读这首诗。

（2）初步理解诗句的意思。

（3）提出自己不懂的问题。

2. 学生根据自学提示展开自学，小组交流。

3. 检查自学情况。

（1）指名读诗句，注意正音。

（2）找出难记的字，交流识记方法。

（3）交流自己对诗句的理解，重点理解"踏歌""深千尺"。

4. 课件播放配乐古诗朗读，学生听读。

5. 自由练习，有感情地朗读古诗。

6. 指名朗读古诗。

【设计意图】通过出示的"自学提示"让学生逐步掌握自学的方

法，并开展小组合作学习，共同交流，初步了解诗句的意思。

三、图文结合，理解诗情

1. 出示插图，引导学生观察。

图上谁是李白，谁是汪伦？你是怎么知道的？从图上可以看出他们在干什么？

2. 指名用自己的话说说诗句的意思。

【设计意图】借助图画营造古诗意境，化抽象为具象，帮助学生理解诗情。

四、精读品味，感悟诗歌

再读古诗，针对自己不明白的地方，提出有价值的问题。

问题预设：

1. 李白将要离开了，为什么说是“忽闻岸上踏歌声”？

2. 为什么说桃花潭水深千尺，比不上汪伦送别李白之情？

3. 汪伦为什么要用踏歌的方式为李白送行？不能用其他方法吗？

【设计意图】“学生是语文学习的主人。”学生乐于提问题，更乐于解决自己提出的问题，让学生自主学习、合作学习，有利于学生学习能力的提高。

五、书写指导，经典传唱

1. 出示要写的字：舟、乘、汪。指名认读。

2. 重点指导书写“乘、汪”。

3. 学生描红、临帖，交流展示优秀作业。

【设计意图】写字过程中引导学生发现写字的规律，把书写、观察、评价融为一体。给学生展示的机会，并肯定孩子的点滴进步，培养他们写好字的信心，传颂我国经典文化。

六、欣赏古诗，新唱《赠汪伦》

【设计意图】利用歌曲，活跃了课堂气氛，容易激起学生的情感，通过情感迁移加深理解诗中作者表达的思想感情。

七、指导背诵，促进发展

1. 学生轻声自由背诵，同桌互相背诵。

2. 指名个别学生加上自己喜欢的动作有感情地背诵。

3. 组织学生评议。

4. 配乐集体背诵。

【设计意图】多形式的背诵活动能培养学生与人合作和评价他人的能力，促进学生语言积累。表演读和配乐读可以促进学生个性发展。

八、拓展延伸，积累名篇

1. 出示课后“我会填”，引导学生填写。

2. 世间离别情万种，多有诗人诉心声！除了这首《赠汪伦》外，还有许多感人肺腑的送别诗。请同学们在小组内交流课前收集的送别诗。随机出示《别董大》《送元二使安西》《芙蓉楼送辛渐》《黄鹤楼送孟浩然之广陵》，集体诵读其中的名句。

【设计意图】出示有关送别诗，引导学生在学习中积累，激发学生学习古诗的热情。

九、趣味作业，口语训练

1. 把这首诗背给学习伙伴听。

2. 把关于这首诗的典故讲给爸爸妈妈听。

板书设计：

赠汪伦

唐　李白

《我身边的事》作文课教学设计

设计理念

《语文课程标准》提出："引导学生关注现实，热爱生活，表达真情实感。"因此，本设计重点在于创设情境，引导学生从身边的事情入手，激活情感，先说后写，打开思路。让学生在"喜欢作文""急于表达"的心境中，主动参与联系实际、积极交流、合作诊断的训练过程，在作文中能记真事、抒真情、敢表达，写出有创意的文章。

教学目标

1. 以情境激发学生写作兴趣，让学生在参与训练过程中，加深体验，从而表达真情实感。

2. 只提供写作范围，尊重学生个性，鼓励自由表达，大胆创新。

3. 在诊断中学会写作，明晰思路。

教学重点

鼓励学生说真人真事，表达自己的真实看法，培养学生树立正确的社会主义核心价值观。

教学难点

在作文中创新，力求事件真实，语言朴实，写法上大胆创新。

教学准备

多媒体课件。

教学过程

一、激情导入，巧引话题

1. 创设氛围：在我们共同相处的日子里，建立了浓厚的师生情谊，课后总有同学主动找老师谈发生在自己身边的事儿。今天，请你们把发生在自己身边真实的、令你感触至深的事儿说出来，请大家分享你的快乐、分担你的忧愁，也为你的烦心事想想办法。

2. 引导审题：要说的事是发生在自己身边的事，可以是经历的，也可以是看见的，但不是道听途说的事。

3. 学生自由发言，教师点评小结。

二、指导选材，明晰思路

1. 教师小结，引发联想：打开记忆的闸门，一桩桩、一件件的往事都会浮现在你的脑海。爸爸和哥哥下棋的高兴事、姐姐考大学的马虎事、妈妈伤心的事、爸爸得奖的事、叔叔打架的事、自己的烦心事，等等。仔细想想这件事发生的时间、地点，事情的起因、经过和结果。

2. 请大家先把自己最有感触的事说给小组内的成员，请他们帮你理清思路，要力求语言表达准确。

3. 合作交流：分小组讨论，在组员的帮助下确定素材，明确思路。

4. 指名学生上讲台口述，表达不当之处请其他同学予以指正。

三、指导习作，点拨写法

1. 引导回忆学过的写事类文章的写作方法。

2. 小组讨论，概括总结。

3. 组长指派代表汇报。

（1）选材真实，真挚感人；

（2）事件具体，语言凝练；

（3）事件发生的时间、地点、起因、经过、结果交代很清楚；

（4）运用场面描写、动作描写、语言描写使事件具体；

（5）运用景色描写渲染故事的发生、发展、高潮。

4. 讨论：写事类文章应该注意的问题有哪些？

（1）事件发生的时间、地点、起因、经过、结果要交代清楚；

（2）文章要有详、略之分，事情的经过要详写；

（3）条理要清晰、语言要流畅。

四、合作诊断，自我体验

1. 提供例文，合作诊断：写事类作文，在写事时要表达自己的真切感受，这样才会打动人心，使读者深受感动。现在我们一起来阅读安棋同学的作文《爸爸、妈妈，别吵了》，看这篇文章好在哪里，哪里还需要修改。

2. 诊断汇报：

小组①：爸爸、妈妈吵架时的神态、动作描写细致。

小组②：能对爸爸、妈妈的语言进行描写。

小组③：写出了自己的心理感受。

小组④：吵架的原因应该交代清楚。

小组⑤：文章中的景色描写不利于衬托他们吵架时的气氛，以及“我”的“烦”“乱”心情，所以景色描写部分应该再予以修改。

3. 集体修改。引导学生边讨论边修改，使《爸爸、妈妈，别吵了》这篇作文更为具体、生动，为学生写好自己的作文提供借鉴，同时使学生明确好作文是改出来的，从而认真修改作文。

五、自主习作，升华体验

1. 自由完成习作，写出初稿。（教师巡视指导）

2. 小组合作交流，评价修改。

（让学生阅读，并体会自己作文的优点及不足，参考写法指导，认真修改）

教学反思

教学过程中，为学生创设轻松、自由、宽松的学习氛围。教师充满激情的导课，有力地激发了学生的表达欲望和写作兴趣，为下一步作文指导铺路搭桥。指导选材时，让学生自由选择自己想写的事，利于学生拓展思路。组织学生组内交流、班内评述，使学生在讲述中写作思路更为清晰明确。初稿写好后，把评改作文的权力交给学生，体现了学生学习中的主体作用，教师教学中的主导作用。教学中能注重从引导学生描述生活中的真实事件出发，鼓励学生谈自己的独特感受。课堂上，老师语言中饱含的支持、肯定、欣赏、赞扬等成分，利于激发学生去说、去写、去感悟、去创新。

教学生写作文的过程，实质就是教师帮助学生整理、归纳、提炼学生的生活经验的过程。离开生活的作文只是一些没有生命活力的文字堆砌。所以，我们要引导学生把自己粗糙、零碎的生活经验加以整理。生活是真实的生活，情感是真实的情感，在教作文时给学生留下一片蓝天，让他们人人有表达自己心声的机会。努力发现学生作文中的闪光点，让他们在自己的习作中感受生活的愉悦，从而不断提高表达自我体验的能力。

一位哲人说过：“儿童承袭了人类最初的诗性性格，他们的智慧既指向眼睛看到的地方，也指向心灵看到的地方。”作文教学中，教师要充分调动学生的这种潜能，引导他们用心感悟生活，提炼生活，合理想象，敢于创新。学生学习写作文的过程就是培养学生语用能力的过程，因此，教师要敢于放手，把课堂的主动权交给学生，引导他们独立思考，交流讨论，培养学生的个性思维与创新能力。

用爱触摸隐形的翅膀

辛丑年三月底，我的《研修思旅》书稿全部完成。校对书稿时，领导的鞭策，师父的指导，亲人的关爱，朋友的鼓励，伙伴的帮助，家长的支持，学生的信赖，像过电影一样从脑海划过。感谢过往，教我从青涩走向成熟；感谢恩人，教我从懵懂走向明理。

回顾走过的路，总有些领悟和感慨，让人刻骨铭心。在我的曾经和未来，因为路标的指引，我明确了方向；因为风车的带动，我充满了力量；因为阳光的照耀，我感受到温暖；因为月亮的清冷，我学会了反思。爱的教育如春风拂面，似微波荡漾。因为选择，所以热爱；因为热爱，所以坚持。心有多大，舞台就有多大；心在哪里，舞台就在哪里。

高晓松说："这个世界不只有眼前的苟且，还有诗与远方。"当一篇篇饱含着教育之爱的文稿从我手头划过时，我在文字里不仅看到了学校的发展变化，还重温了课堂上师生互动的情境。《研修思旅》的字里行间、一标一点，记录着我走过的路，爬过的山，蹚过的河。教育的爱是隐形的翅膀，有时候温柔似水，有时候电闪雷鸣，有时候欢呼雀跃，有时候痛彻心扉。

在朋友的鼓励下，我将从教以来用心记录和发表过的教育文稿，筛选出大部分，重新审视、修改，整理成书，与大家见面，希望给更多的教育人以帮助和借鉴，让他们在教育之路上少一些坎坷，少一些恐慌，少一些疲惫，做有温度的教育人。让更多的老师在研修思旅的道路上，看到不期而遇的风景，享受教育职业的幸福人生。

教育教学有规律可循，但真正的教学艺术存在于教师和学生的心灵沟通中。巧妙设计教案，收获课堂精彩；捕捉教育契机，促进有效生成；关注学生学情，课堂张弛有度；提升教学艺术，创建特色教育。在教育科研路上，只要我们不惧辛苦，一定会找到打开学生心门的金钥匙，给他们插上理想的翅膀，让他们飞得更高，看得更远。

世界缤纷多彩，让我们一起安静地跋涉在教育之路上，守护教育的一方净土，沉下心来观察、聆听、思考，感悟教育的真谛。教育是生动的重复，我坚信科学求索世界，躬行历练人生。让我们一起心向美好，脚踏实地，慢慢前行在教育之旅上。

李小雨

二〇二一年五月